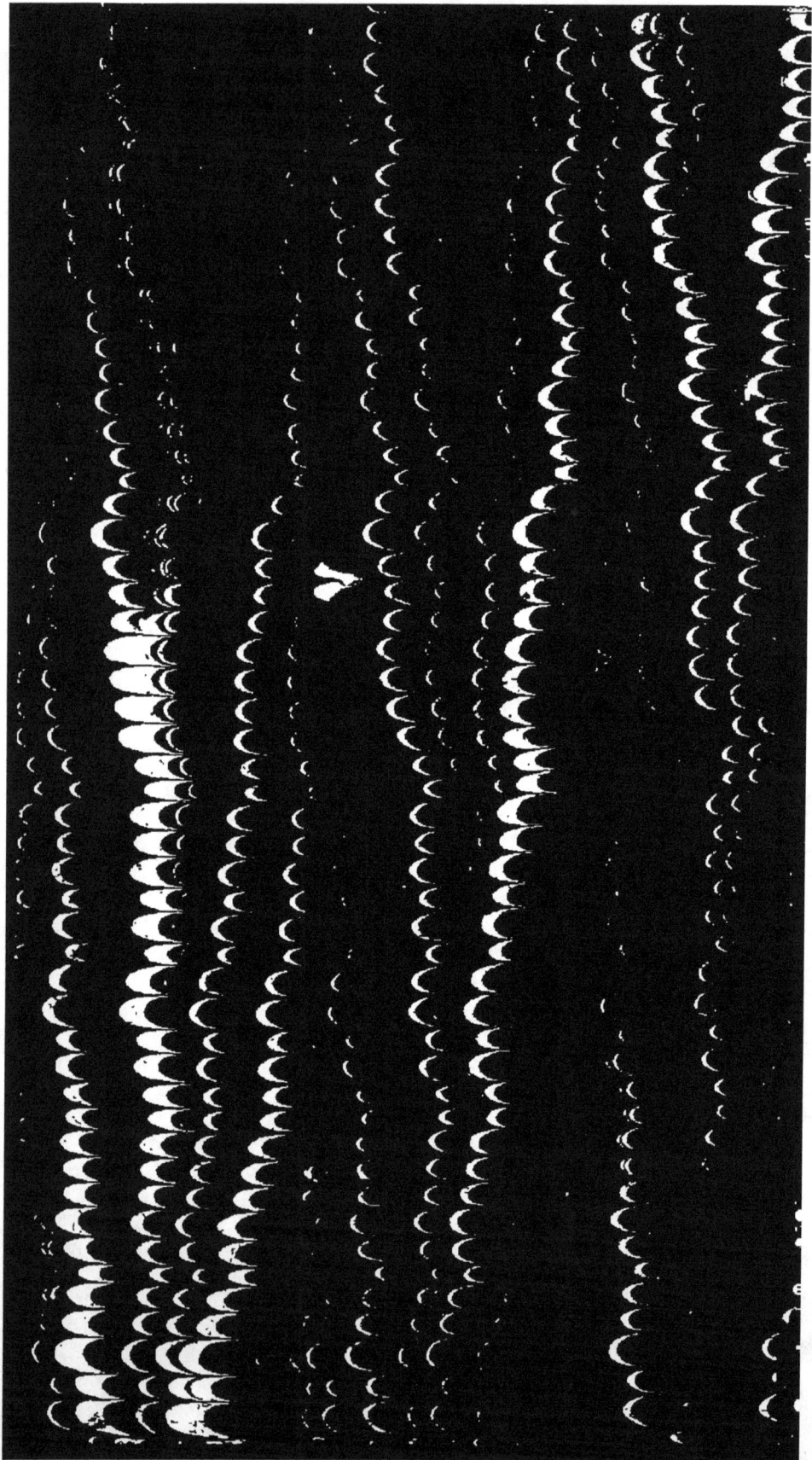

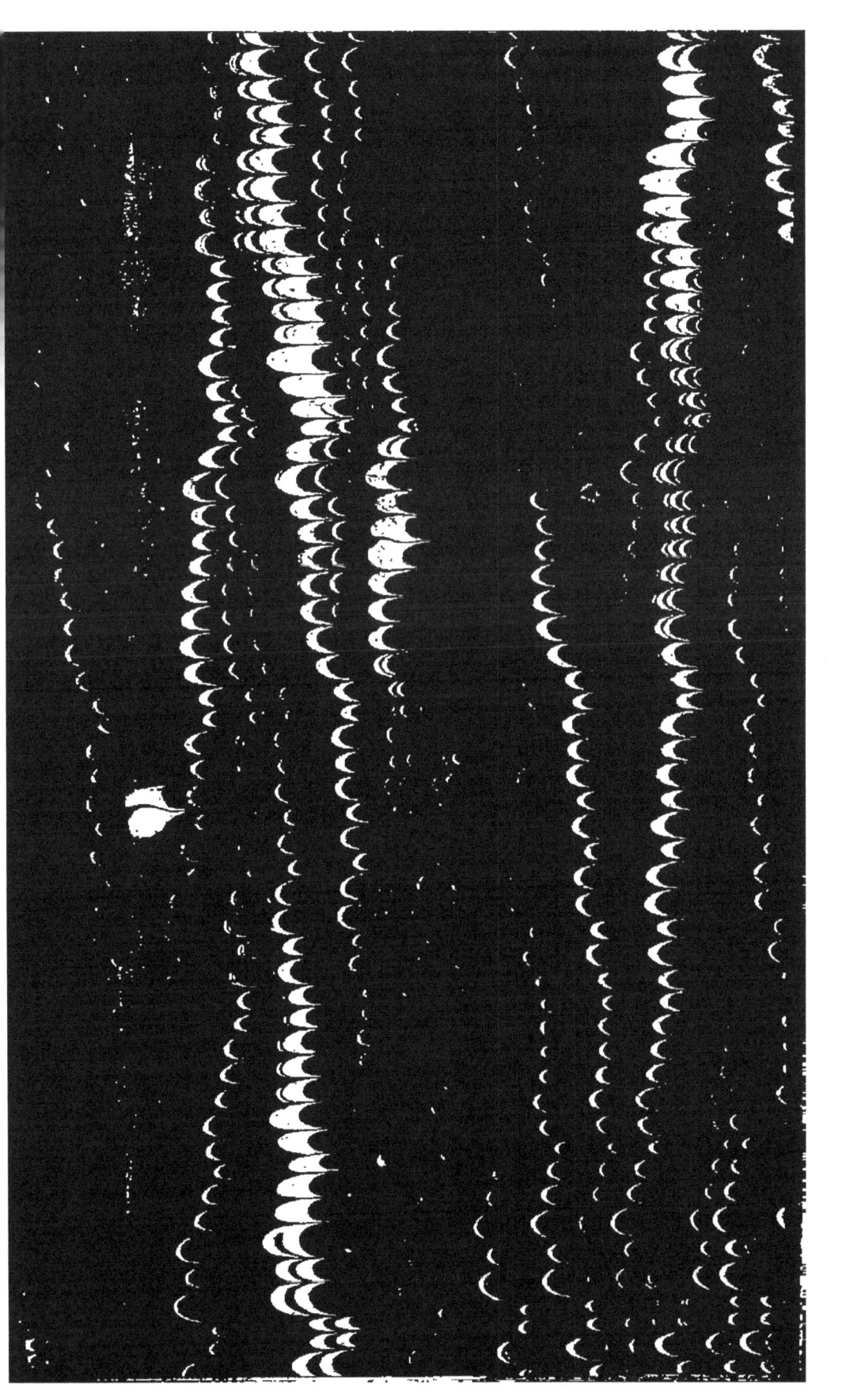

Enfer 1175

JUSTINE,
OU
LES MALHEURS
DE LA VERTU.

O mon ami ! la prospérité du crime est comme
la foudre dont les feux trompeurs n'embellissent un instant l'atmosphère, que pour
précipiter dans les abîmes de la mort les
malheureux qu'ils ont ébloui.

TROISIÈME ÉDITION,
Corrigée et augmentée.
TOME PREMIER.

EN HOLLANDE

An 1801.

AVIS DE L'ÉDITEUR.

Nos aïeux, pour intéresser, faisoient jadis usage de magiciens, de mauvais génies, personnages fabuleux auxquels ils se croyoient permis, d'après cela, de prêter tous les vices dont ils avoient besoin pour le ressort de leurs romans. Mais puisque, malheureusement pour l'humanité, il existe une classe d'hommes chez laquelle le dangereux penchant au libertinage détermine des forfaits aussi effrayans que ceux dont les anciens auteurs noircissoient fabuleusement leurs ogres et leurs géans, pourquoi ne pas préférer la nature à la fable ? et pourquoi se refuser les plus beaux effets dramatiques, dans la crainte de n'oser fouiller cette carrière? Redoutera-t-on de dévoiler des crimes qui paroissoient faits pour ne jamais sortir des ténèbres ? Hélas ! qui les ignore de nos jours ? Les bonnes les content aux enfans, les filles de mauvaise vie en embrâsent l'imagination de leurs sectateurs ; et par une bien plus coupable imprudence, les magistrats, alléguant un très-faux amour de l'ordre, osoient en souiller les annales de Thémis. Qui retiendroit donc le romancier ? Toutes les espèces de vices imaginables, tous les crimes possibles ne sont-ils pas à sa disposition ? N'a-t-il pas le droit de les peindre tous pour les faire détester aux hommes ? Malheur à ceux que les tableaux de Justine pourroient corrompre ! Mais qu'on ne nous accuse pas, quelque voie que nous eussions prise, ils n'en seroient pas devenus meilleurs. Il est une sorte de gens pour qui la vertu même est un poison.

A MA BONNE AMIE.

Oui, Constance, c'est à toi que j'adresse cet ouvrage. A-la-fois l'exemple et l'honneur de ton sexe, réunissant à l'ame la plus sensible l'esprit le plus juste et le mieux éclairé, ce n'est qu'à toi qu'il appartient de connoître la douceur des larmes qu'arrache la vertu malheureuse. Détestant les sophismes du libertinage et de l'irréligion, les combattant sans cesse par tes actions et par tes discours, je ne crains point pour toi ceux qu'a nécessités dans ces mémoires le genre des personnages établis ; le cynisme de certains crayons (adoucis néanmoins autant qu'on l'a pu) ne t'effraiera pas davantage ; c'est le vice qui, gémissant d'être dévoilé, crie au scandale aussitôt qu'on l'attaque. Le procès du tartufe fut fait par

des bigots ; celui de Justine sera l'ouvrage des libertins. Je les redoute peu :
mes motifs dévoilés par toi n'en seront
point désavoués ; ton opinion suffit à
ma gloire, et je dois après t'avoir plu,
ou plaire universellement, ou me consoler de toutes les censures.

Le dessein de ce roman (pas si roman
que l'on croiroit) est nouveau sans
doute ; l'ascendant de la vertu sur le
vice, la récompense du bien, la punition du mal, voilà la marche ordinaire
de tous les ouvrages de cette espère :
ne devroit-on pas en être rebattu !

Mais offrir par-tout le vice triom-
phant et la vertu victime de ses sacri-
fices, montrer une infortunée errante
de malheurs en malheurs ; jouet de la
scélératesse ; plastron de toutes les
débauches ; en butte aux goûts les plus
barbares et les plus monstrueux ; étour-

die des sophismes les plus hardis, les
plus spécieux; en proie aux séductions
les plus adroites, aux subordinations
les plus irrésistibles; n'ayant pour opposer à tant de revers, à tant de fléaux,
pour repousser tant de corruption,
qu'une ame sensible, un esprit naturel
et beaucoup de courage; hasarder, en
un mot, les peintures les plus hardies,
les situations les plus extraordinaires,
les maximes les plus effrayantes, les
coups de pinceau les plus énergiques,
dans la seule vue d'obtenir de tout cela
l'une des plus sublimes leçons de morale que l'homme ait encore reçue;
c'étoit, on en conviendra, parvenir au
but par une route peu frayée jusqu'à
présent.

Aurai-je réussi, Constance ? Une
larme de tes yeux déterminera-t-elle
mon triomphe? Après avoir lu Justine,

en un mot, diras-tu : « O combien ces
» tableaux du crime me rendent fière
» d'aimer la vertu ! Comme elle est
« sublime dans les larmes ! comme les
» malheurs l'embellissent ! »

O Constance ! que ces mots t'échappent, et mes travaux sont couronnés.

JUSTINE,

OU

LES MALHEURS

DE LA VERTU.

L E chef-d'œuvre de la philosophie seroit
développer les moyens dont la providence
sert pour parvenir aux fins qu'elle se propo.
sur l'homme, et de tracer, d'après cela, quelques plans de conduite qui pussent faire connoître à ce malheureux individu bipède, la
manière dont il faut qu'il marche dans la carrière épineuse de la vie, afin de prévenir les
caprices bizarres de cette fatalité à laquelle on
donne vingt noms différens, sans être encore
parvenu ni à la connoître, ni à la définir.

Si, plein de respect pour nos conventious
sociales, et ne s'écartant jamais des digues
qu'elles nous imposent, il arrive, malgré cela,
que nous n'avons rencontré que des ronces,
quand les méchans ne cueilloient que des roses;

des gens privés d'un fonds de vertus assez cons-
taté pour se mettre au-dessus de ces remarques,
ne calculeroient-ils pas alors qu'il vaut mieux
s'abandonner au torrent que d'y résister ? Ne
diront-ils pas que la vertu, quelque belle qu'elle
soit, devient pourtant le plus mauvais parti
qu'on puisse prendre, quand elle se trouve trop
foible pour lutter contre le vice, et que, dans
un siècle entièrement corrompu, le plus sûr est
de faire comme les autres ? Un peu plus ins-
truits, si l'on veut, et abusant des lumières
qu'ils ont acquises, ne diront-ils pas avec l'ange
Jesrad de Zadig, qu'il n'y a aucun mal dont il
ne naisse un bien, et qu'ils peuvent, d'après
cela, se livrer au mal, puisqu'il n'est, dans le
fait, qu'une des façons de procurer le bien ?
N'ajouteront-ils pas qu'il est indifférent au plan
général, que tel ou tel soit bon ou méchant de
préférence ; que si le malheur persécute la vertu,
et que la prospérité accompagne le crime, les
choses étant égales aux vues de la nature, il
vaut infiniment mieux prendre parti parmi les
méchans qui prospèrent, que parmi les vertueux qui échouent ? Il est donc important de
prévenir ces sophismes dangereux d'une fausse

philosophie ; essentiel de faire voir que les exemples de vertu malheureuse, présentés à une ame corrompue, dans laquelle il reste pourtant quelques bons principes, peuvent ramener cette ame au bien tout aussi sûrement que si on lui eût montré dans cette route de la vertu les palmes les plus brillantes et les plus flatteuses récompenses. Il est cruel sans doute d'avoir à peindre une foule de malheurs, accablant là femme douce et sensible qui respecte le mieux la vertu; d'une autre part l'affluence des prosperités sur ceux qui écrasent ou mortifient cette même femme. Mais s'il naît cependant un bien du tableau de ces fatalités, aura-t-on des remords de les avoir offertes? Pourra-t-on être fâché d'avoir établi un fait d'où il résultera, pour le sage qui lit avec fruit, la leçon si utile de la soumission aux ordres de la providence, et l'avertissement fatal que c'est souvent pour nous ramener à nos devoirs, que le ciel frappe à côté de nous l'être qui nous paroît le mieux avoir rempli les siens?

Tels sont les sentimens qui vont diriger nos travaux, et c'est en considération de ces motifs, que nous demandons au lecteur de l'indulgence

TOME I. B

pour les systêmes erronés qui sont placés dans la bouche de plusieurs de nos personnages, et pour les situations, quelquefois un peu fortes, que, par amour pour la vérité, nous avons dû mettre sous ses yeux.

Madame la comtesse de Lorsange étoit une de ces prêtresses de Venus dont la fortune est l'ouvrage d'une jolie figure et de beaucoup d'inconduite, et dont les titres, quelque pompeux qu'ils soient, né se trouvent que dans les archives de Cythère, forgés par l'impertinence qui les prend, et soutenus par la sotte crédulité qui les donne; brune, une belle taille, des yeux d'une singulière expression; cette crédulité de mode qui, prêtant un sel de plus aux passions, fait rechercher avec plus de soin les femmes en qui on la soupçonne; un peu méchante, aucuns principes, ne croyant de mal à rien, et cependant pas assez de dépravations dans le cœur pour en avoir éteint la sensibilité; orgueilleuse, libertine; telle étoit Madame de Lorsange.

Cette femme avoit reçu néanmoins la meilleure éducation: fille d'un très-gros banquier de Paris, elle avoit été élevée avec une sœur nommée Justine, plus jeune qu'elle de trois ans, dans une des plus célèbres abbayes de cette capitale, où, jusqu'à l'âge de douze et de quinze ans, aucuns conseils, aucuns maîtres, aucuns livres, aucuns talens n'avoient été refusés ni à l'une ni à l'autre de ces deux sœurs.

A cette époque, fatale pour la vertu de deux jeunes filles, tout leur manqua dans un seul jour ; une banqueroute affreuse précipita leur père dans une situation si cruelle, qu'il en périt de chagrin. Sa femme le suivit un mois après au tombeau. Deux parens froids et éloignés, délibérèrent sur ce qu'ils feroient des jeunes orphelines ; leur part d'une succession absorbée par les créanciers se montoit à cent écus pour chacune. Personne ne se souciant de s'en charger, on leur ouvrit la porte du couvent ; on leur remit leur dot, les laissant libres de devenir ce qu'elles voudroient.

Madame de Lorsange, qui se nommoit pour lors Juliette, et dont le caractère et l'esprit étoient, à fort peu de chose près, aussi formés qu'à trente ans, âge qu'elle atteignoit lors de l'histoire que nous allons raconter, ne parut sensible qu'au plaisir d'être libre, sans réfléchir

un instant aux cruels revers qui brisoient ses
chaines. Pour Justine, âgée, comme nous
l'avons dit, de douze ans, elle étoit d'un
caractère sombre et mélancolique, qui lui fit
bien mieux sentir toute l'horreur de sa situation.
Douée d'une tendresse, d'une sensibilité sur-
prenante, au lieu de l'art et de la finesse de sa
sœur; elle n'avoit qu'une ingénuité, une candeur qui devoient la faire tomber dans bien des
piéges. Cette jeune fille à tant de qualités joignoit
une physionomie douce, absolument différente
de celle dont la nature avoit embelli Juliette;
autant on voyoit d'artifice, de manége, de
coquetterie dans les traits de l'une, autant on
admiroit de pudeur, de décence et de timidité
dans l'autre; un air de vierge, de grands yeux
bleus, pleins d'ame et d'intérêt, une peau
éblouissante, une taille souple et flexible, un
organe touchant, des dents d'ivoire et les plus
beaux cheveux blonds, voilà l'esquisse de cette
cadette charmante, dont les graces naïves et les
traits délicats sont au-dessus de nos pinceaux.
On leur donna vingt-quatre heures à l'une
et à l'autre pour quitter le couvent, leur laissant le soin de se pourvoir, avec leur cent écus,

où bon leur sembleroit. Juliette, enchantée
d'être sa maîtresse, voulut, un moment, essuyer
les pleurs de Justine ; puis , voyant qu'elle n'y
réussiroit pas , elle se mit à la gronder au lieu
de la consoler : elle lui reprocha sa sensibilité ;
elle lui dit , avec une philosophie très-au-dessus
de son âge , qu'il ne falloit s'affliger dans ce
monde-ci que de ce qui nous affectoit person-
nellement ; qu'il étoit possible de trouver en
soi-même des sensations physiques d'une assez
piquante volupté pour éteindre toutes les affec-
tions morales dont le choc pourroit être douloureux ; que ce procédé devenoit d'autant plus
essentiel à mettre en usage, que la véritable
sagesse consistoit infiniment plus à doubler la
somme de ses plaisirs ; qu'à multiplier celle de
ses peines ; qu'il n'y avoit rien , en un mot ,
qu'on ne dût faire pour émousser dans soi cette
perfide sensibilité dont il n'y auroit que les
autres qui profitassent , tandis qu'elle ne nous
apporteroit que des chagrins. Mais on endurcit
difficilement un bon cœur : il résiste aux raisonnemens d'une mauvaise tête, et ses jouissances
le consolent des faux brillans du bel esprit.

Juliette, employant d'autres ressources, dit

alors à sa sœur, qu'avec l'âge et la figure qu'elles
avoient l'une et l'autre, il étoit impossible
qu'elles mourussent de faim. Elle lui cita la fille
d'une de leurs voisines, qui, s'étant échappée
de la maison paternelle, étoit aujourd'hui richement entretenue et bien plus heureuse sans
doute que si elle fût restée dans le sein de sa
famille; qu'il falloit bien se garder de croire
que ce fût le mariage qui rendît une jeune fille
heureuse; que captive sous les lois de l'hymen,
elle avoit, avec beaucoup d'humeur à souffrir,
une très-légère dose de plaisir à attendre; au
lieu que, livrées au libertinage, elles pourroient
toujours se garantir de l'homme, des amans,
ou s'en consoler par leur nombre.

Justine eut horreur de ces discours; elle dit
qu'elle préféroit la mort à l'ignominie; et quelques nouvelles instances que lui fit sa sœur,
elle refusa constamment de loger avec elle,
dès qu'elle la vit déterminée à une conduite qui
la faisoit frémir.

Les deux jeunes filles se séparèrent donc sans
aucune promesse de se revoir, dès que leurs
intentions se trouvoient si différentes. Juliette,
qui alloit, prétendoit-elle, devenir une grande

dame, consentiroit-elle à recevoir une petite
fille dont les inclinations vertueuses, mais
basses, seroient capables de la déshonorer? et
de son côté, Justine voudroit-elle risquer ses
mœurs dans la société d'une créature perverse
qui alloit devenir victime de la crapule et de la
débauche publique? Toutes deux se dirent donc
un éternel adieu, et toutes deux quittèrent le
couvent dès le lendemain.

Justine, caressée, lors de son enfance, par la
couturière de sa mère, croit que cette femme
sera sensible à son malheur. Elle va la trouver;
elle lui fait part de ses infortunes; elle lui
demande de l'ouvrage......... A peine la recon-
noît-on : elle est renvoyée durement. ---Ô ciel!
dit cette pauvre petite créature, faut-il que les
premiers pas que je fais dans le monde soient
déjà marqués par des chagrins? Cette femme
m'aimoit autrefois : pourquoi me rejette-t-elle
aujourd'hui? Hélas! c'est que je suis orpheline
et pauvre; c'est que je n'ai plus de ressources
dans le monde, et que l'on n'estime les gens
qu'en raison des secours et des agrémens que
l'on s'imagine en recevoir. Justine en larmes
va trouver son curé; elle lui peint son état

avec l'énergique candeur de son âge.... Elle
étoit en petit fourreau blanc ; ses beaux cheveux
négligemment repliés sous un grand bonnet ;
sa gorge à peine indiquée, cachée sous deux ou
trois aunes de gaze ; sa jolie mine un peu pâle
à cause des chagrins qui la dévoroient, quelques
larmes couloient dans ses yeux et leur prêtoient
encore plus d'expression. Vous me voyez,
monsieur, dit-elle au saint ecclésiastique...
oui, vous me voyez dans une position bien
affligeante pour une jeune fille ; j'ai perdu
mon père et ma mère.... Le ciel me les enlève à
l'âge où j'avois le plus besoin de leurs secours...
Ils sont morts ruinés, monsieur ; nous n'avons
plus rien. Voilà tout ce qu'ils m'ont laissé,
continua-t-elle en montrant les douze louis ....
et pas un coin pour reposer ma pauvre tête....
Vous aurez pitié de moi, n'est-ce pas, monsieur ? Vous êtes le ministre de la religion, et
la religion fut toujours la vertu de mon cœur.
Au nom de ce Dieu que j'adore, et dont vous
êtes l'organe, dites-moi, comme un second
père, ce qu'il faut que je fasse.... ce qu'il faut
que je devienne ? Le charitable prêtre répondit,
en lorgnant Justine, que la paroisse étoit bien

chargée : qu'il étoit difficile qu'elle pût embrasser de nouvelles aumônes ; mais que si
Justine vouloit le servir, que si elle vouloit
faire le gros ouvrage, il y auroit toujours dans
sa cuisine un morceau de pain pour elle. Et
comme en disant cela, l'interprète des dieux lui
avoit passé la main sous le menton, en lui
donnant un baiser beaucoup trop mondain pour
un homme d'église ; Justine, qui ne l'avoit que
trop compris, le repoussa, en lui disant :
» Monsieur, je ne vous demande ni l'aumône,
ni une place de servante ; il y a trop peu de tems
que je quitte un état au-dessus de celui qui peut
faire desirer ces deux graces, pour être réduite
à les implorer : je sollicite les conseils dont ma
jeunesse et mes malheurs ont besoin ; et vous
voulez me les faire acheter trop chers. » Le
pasteur, honteux d'être dévoilé, chassa promptement cette petite créature ; et la malheureuse
Justine, deux fois repoussée dès le premier jour
qu'elle est condamnée à l'isolisme, entre dans
une maison où elle voit un écriteau, loue un
petit cabinet garni, au cinquième, le paie
d'avance, et s'y livre à des larmes d'autant plus
amères, qu'elle est sensible, et que sa petite

fierté vient d'être cruellement compromise.

Nous permettra-t-on de l'abandonner quelque tems ici pour retourner à Juliette, et pour dire comment, du simple état d'où nous la voyons sortir, et sans avoir plus de ressources que sa sœur, elle devint pourtant en quinze ans femme titrée, possédant trente mille livres de rente, de très-beaux bijoux, deux ou trois maisons, tant à la ville qu'à la campagne, et, pour l'instant, le cœur, la fortune et la confiance de M. de Corville, conseiller d'État, homme dans le plus grand crédit et à la veille d'entrer dans le ministère ? La carrière fut épineuse, l'on n'en doute assurément pas : c'est par l'apprentissage le plus honteux et le plus dur que ces demoiselles-là font leur chemin ; et telle est dans le lit d'un prince aujourd'hui, qui porte peut-être encore sur elle les marques humiliantes de la brutalité des libertins entre les mains desquels sa jeunesse et son inexpérience la jetèrent.

En sortant du couvent, Juliette alla trouver une femme qu'elle avoit entendu nommer à cette jeune amie de son voisinage. Pervertie comme elle avoit envie de l'être, et pervertie par cette femme, elle l'aborde avec son petit paquet sous le bras, une lévite bleue bien en désordre, des cheveux traînans, la plus jolie figure du monde, s'il est vrai qu'à de certains yeux l'indécence puisse avoir des charmes : elle conte son histoire à cette femme, et la supplie de la protéger comme elle a fait de son ancienne amie. — Quel âge avez-vous, lui demande la Duvergier? — Quinze ans dans quelques jours, madame, répondit Juliette. — Et jamais nul mortel, continue la matrone.... — Oh ! non, madame, je vous le jure, répliqua Juliette.— Mais c'est que quelquefois dans ces couvens, dit la vieille... un confesseur, une religieuse, une camarade....... Il me faut des preuves sûres.

Il ne tient qu'à vous de vous les procurer, madame, répondit Juliette en rougissant..... Et la duègne s'étant affublée d'une paire de lunettes, et ayant avec scrupule visité les choses de toutes parts : Allons, dit-elle à la jeune fille, vous n'avez qu'à rester ici; beaucoup d'égards pour mes conseils, un grand fonds de complaisance et de soumission pour mes pratiques, de la propreté, de l'économie, de la candeur vis-à-vis de moi, de la politesse envers vos compagnes et de la fourberie envers les hommes ; avant dix ans je vous mettrai en état de vous retirer dans un troisième, avec une commode, un trumeau, une servante, et l'art que vous aurez acquis chez moi vous donnera de quoi vous procurer le reste.

Ces recommandations faites, la Duvergier, s'empare du petit paquet de Juliette. Elle lui demande si elle n'a point d'argent ; et celle-ci lui ayant trop franchement avouée qu'elle avoit cent écus, la chère maman les confisque, en assurant sa nouvelle pensionnaire qu'elle placera ce petit fonds à la loterie pour elle, mais qu'il ne faut pas qu'une jeune fille ait de l'argent. C'est, lui dit-elle, un moyen de faire le mal ; et dans un siècle aussi corrompu, une fille sage et bien née doit éviter avec soin tout ce qui peut l'entraîner dans quelques piéges. C'est pour votre bien que je vous parle, ma petite, ajouta la duègne, et vous devez me savoir gré de ce que je fais.

Ce sermon fini, la nouvelle venue est présentée à ses compagnes ; on lui indique sa chambre dans la maison, et dès le lendemain ses prémices sont en vente,

En quatre mois la marchandise est successivement vendue à près de cent personnes ; les uns se contentent de la rose ; d'autres, plus délicats ou plus dépravés (car la question n'est pas résolue), veulent épanouir le bouton qui fleurit à côté. Chaque soir la Duvergier rétrécit, rajuste, et pendant quatre mois ce sont toujours des prémices que la friponne offre au public. Au bout de cet épineux noviciat, Juliette obtient enfin des patentes de sœur converse ; dès ce moment elle est réellement reconnue fille de la maison ; dès-lors elle en partage les peines et les profits. Autre apprentissage : si dans la première école ; à quelques écarts près, Juliette a servi la nature, elle en oublie les lois dans la seconde ; elle y corrompt entièrement ses mœurs ; le triomphe qu'elle voit obtenir au vice dégrade totalement son ame, elle sent que, née pour le crime, au moins doit-elle aller au grand, et renoncer à languir dans un état subalterne qui, en lui faisant faire les mêmes fautes, en l'avilissant également, ne lui rapporte pas à beaucoup près le même profit. Elle plaît à un vieux seigneur fort débauché, qui ne la fait venir d'abord que pour l'affaire du moment : elle a

l'art de s'en faire magnifiquement entretenir ;
elle paroît enfin aux spectacles, aux promena-
des, à côté des cordons bleus de l'ordre de
Cythère ; on la regarde, on la cite, on l'envie,
et la fine créature sait si bien s'y prendre, qu'en
moins de quatre ans elle ruine six hommes,
dont le plus pauvre avoit cent mille écus de
rente. Il n'en falloit pas davantage pour faire
sa réputation ; l'aveuglement des gens du monde
est tel, que plus une de ces créatures a prouvé
sa malhonnêteté, plus on est envieux d'être sur
sa liste ; il semble que le degré de son avilissement et de sa corruption devienne la mesure
des sentimens que l'on ose afficher pour elle.

Juliette venoit d'atteindre sa vingtième année,
lorsqu'un certain comte de Lorsange, gentil-
homme angevin, âgé d'environ quarante ans,
devint tellement épris d'elle, qu'il résolut de
lui donner son nom ; il lui reconnut douze
mille livres de rente, lui assura le reste de sa
fortune s'il venoit à mourir avant elle ; lui donna
une maison, des gens, une livrée, et une sorte
de considération dans le monde, qui parvint,
en deux ou trois ans, à faire oublier ses débuts.

Ce fut ici que la malheureuse Juliette, ou-

bliaut tous les sentimens de sa naissance et de
sa bonne éducation, pervertie par de mauvais
conseils et des livres dangereux, pressée de jouir
seule, d'avoir un nom et point de chaînes, osa
se livrer à la coupable idée d'abréger les jours
de son mari. Ce projet odieux conçu, elle le
caressa, elle le consolida, malheureusement
dans ces momens dangereux où le physique
s'embrâse aux erreurs du moment ; instant où
l'on se refuse d'autant moins, qu'alors rien né
s'oppose à l'irrégularité des vœux ou à l'impé-
tuosité des desirs, et que la volupté reçue n'est
vive qu'en raison de la multitude des freins
qu'on brise, ou de leur sainteté. Le songe
évanoui, si l'on redevenoit sage, l'inconvénient
seroit médiocre ; c'est l'histoire des torts de
l'esprit ; on sait bien qu'ils n'offensent personne,
mais on va plus loin malheureusement. Que
sera-ce, ose-t-on se dire, que la réalisation de
cette idée, puisque son seul aspect vient d'exal-
ter, vient d'émouvoir si vivement ? On vivifie
la maudite chimère, et son existence est un
crime.

Madame de Lorsange exécuta, heureusement
pour elle, avec tant de secret, qu'elle se mit à

C 2

l'abri de toute poursuite, et qu'elle ensevelît
avec son époux les traces du forfait épouvantable qui le précipitoit au tombeau.

Redevenue libre et comtesse, madame de
Lorsange reprit ses anciennes habitudes; mais
se croyant quelque chose dans le monde, elle
mit à sa conduite un peu moins de publicité.
Ce n'étoit plus une fille entretenue, c'étoit une
riche veuve qui donnoit de jolis soupers, chez
laquelle la cour et la ville étoient trop heureuses
d'être admises; femme décente en un mot, et
qui néanmoins couchoit pour deux cents louis,
et se donnoit pour cinq cents par mois.

Elle voyagea, et jusqu'à vingt-six ans madame
de Lorsange fit encore de brillantes conquêtes;
elle ruina trois ambassadeurs, quatre fermiers-
généraux, deux prélats, un cardinal et trois
seigneurs étrangers. Mais comme il est rare de
s'arrêter après un premier délit, sur-tout quand
il a tourné heureusement, la malheureuse Juliette se noircit de deux nouveaux crimes, pour
le moins aussi affreux que le premier. A ces
horreurs madame de Lorsange joignit trois ou
quatre infanticides. La crainte de gâter sa jolie
taille, le désir de cacher une double intrigue,

tout lui fit prendre la résolution d'étouffer dans son sein la preuve de ses débauches ; et ces forfaits, ignorés comme les autres, n'empêchèrent pas cette femme adroite et ambitieuse de trouver journellement de nouvelles dupes.

Il est donc vrai que la prospérité peut accompagner la plus mauvaise conduite, et qu'au milieu même du désordre et de la corruption, tout ce que les hommes appellent le bonheur, peut se répandre sur la vie ; mais que cette cruelle et fatale vérité n'alarme pas ; que l'exemple du malheur poursuivant par-tout la vertu, et que nous allons bientôt offrir ; ne tourmente pas davantage les honnêtes gens. Cette félicité du crime est trompeuse, elle n'est qu'apparente ; indépendamment de la punition bien certainement réservée par la providence à ceux qu'ont séduits ces succès, ne nourrissent-ils pas, au fond de leur ame, un ver qui, les rongeant sans cesse, les empêchent d'être réjouis de ces fausses lueurs, et ne laissent en eux, au lieu des délices sur lesquels ils comptoient, que le souvenir déchirant des crimes qui les ont conduits où ils sont. A l'égard de l'infortuné que le sort persécute, il a son cœur pour consolation, et les jouissances intérieures que lui procurent ses vertus, le dédommagent bientôt de l'injustice des hommes.

Tel étoit donc l'état des affaires de Madame de Lorsange, lorsque M. de Corville, âgé de cinquante ans, jouissant du crédit et de la considération que nous avons peints plus haut, résolut de se sacrifier entièrement pour cette femme, et de la fixer pour jamais à lui. Soit attention, soit procédés, soit politique de la part de Madame de Lorsange, il y étoit parvenu, et il y avoit quatre ans qu'il vivoit avec elle, absolument comme avec une épouse légitime, lorsque l'acquisition d'une très-belle terre auprès de Montargis, les obligea l'un et l'autre d'aller passer quelque-tems en province.

Un soir, où la beauté du tems leur avoit fait prolonger leur promenade de la terre qu'ils habitoient jusqu'à Montargis, trop fatigués l'un et l'autre pour entreprendre de retourner comme ils étoient venus, ils s'arrêtèrent à l'auberge où descend le carrosse de Lyon, à dessein d'envoyer de-là un homme à cheval leur chercher une voiture. Ils se reposoient dans une salle basse et fraîche de cette maison, donnant sur la cour, lorsque le coche, dont nous venons de parler, entra dans cette hôtellerie.

C'est un amusement assez naturel que de regarder une descente de coche : on peut parier pour le genre de personnages qui s'y trouvent, et si l'on a nommé une catin, un officier, quelques abbés et un moine, on est presque toujours sûr de gagner. Madame de Lorsange se lève, M. de Corville la suit, et tous deux s'amusent à voir entrer dans l'auberge la société cahotante. Il paroissoit qu'il n'y avoit plus personne dans la voiture, lorsqu'un cavalier de maréchaussée, descendant du panier, reçut dans ses bras, d'un de ses camarades, également placé dans le même lieu, une fille de vingt-six à vingt-sept ans, vêtue d'un mauvais petit caraçot d'indienne, et enveloppée jusqu'aux sourcils d'un grand mantelet de taffetas noir. Elle étoit liée comme une criminelle, et d'une telle foiblesse, qu'elle seroit assurément tombée, si ces gardes ne l'eussent soutenue. A un cri de surprise et d'horreur qui échappa à madame de Lorsange, la jeune fille se retourne, et laisse voir, avec la plus belle taille du monde, la figure la plus noble, la plus agréable, la plus

C 3

intéressante, tous les appas enfin les plus endroits de plaire, rendus mille fois plus piquans
encore par cette tendre et touchante affliction
que l'innocence ajoute aux traits de la beauté.

M. de Corville et sa maîtresse ne peuvent
s'empêcher de s'intéresser pour cette misérable
fille. Ils s'approchent; ils demandent à l'un des
gardes ce qu'a fait cette infortunée. On l'accuse
de trois crimes, répondit le cavalier : il s'agit
de meurtres, de vol et d'incendie ; mais je vous
avoue que mon camarade et moi n'avons jamais
conduit de criminel avec autant de répugnance ;
c'est la créature la plus douce, et qui paroît
la plus honnête. Ha, ha! dit M. de Corville,
ne paroît-il pas y avoir là quelques-unes de ces
bévues ordinaires aux tribunaux subalternes ?...
Et où s'est commis le délit ?—Dans une auberge
à quelques lieues de Lyon : c'est Lyon qui l'a
jugée ; elle va, suivant l'usage, à Paris pour la
confirmation de sa sentence, et reviendra pour
être exécutée à Lyon.

Madame de Lorsange, qui s'étoit approchée,
qui entendoit ce récit, témoigna bas à M. de
Corville l'envie qu'elle auroit d'apprendre, de
la bouche de cette fille même, l'histoire de ses

malheurs ; et M. de Corville qui formoit aussi
le même desir, en fit part aux deux gardes en
se nommant à eux. Ceux-ci ne crurent pas
devoir s'y opposer : on décida qu'il falloit passer
la nuit à Montargis ; on demanda un appartement
commode. M. de Corville répondit de la pri-
sonnière ; ou la délia, et quand on lui eut fait
prendre un peu de nourriture, madame de Lorsange, qui ne pouvoit s'empêcher de prendre à
elle le plus vif intérêt, et qui sans doute se disoit
à elle-même : « Cette créature, peut-être inno-
» cente, est pourtant traitée comme une cri-
» minelle, tandis que tout prospère autour de
» moi... de moi, qui me suis souillée de crimes
» et d'horreurs ! » Madame de Lorsange, dis-je,
dès qu'elle vit cette pauvre fille un peu rafraîchie,
un peu consolée par les caresses que l'on s'em-
pressoit de lui faire, l'engagea de dire par quel
évènement, avec une physionomie si douce, elle
se trouvoit dans une aussi funeste circonstance.

Vous raconter l'histoire de ma vie, madame,
dit cette belle infortunée en s'adressant à la
comtesse, c'est vous offrir l'exemple le plus
frappant des malheurs de l'innocence ; c'est
accuser la main du ciel ; c'est se plaindre des

volontés de l'Être-Suprême; c'est une espèce de révolte contre ses intentions sacrées.... Je ne l'ose pas.... Des pleurs coulèrent alors avec abondance des yeux de cette intéressante fille; et après leur avoir donné cours un instant, elle commença son récit dans ces termes:

Vous me permettrez de cacher mon nom et ma naissance, madame; sans être illustre, elle est honnête, et n'étoit pas destinée à l'humiliation où vous me voyez réduite. Je perdis fort jeune mes parens; je crus, avec le peu de secours qu'ils m'avoient laissé, pouvoir attendre une place convenable; et, refusant toutes celles qui ne l'étoient pas, je mangeai, sans m'en appercevoir, à Paris où je suis née, le peu que je possédois. Plus je devenois pauvre, plus j'étois méprisée; plus j'avois besoin d'appui, moins j'espérois d'en obtenir: mais de toutes les duretés que j'éprouvai dans les commencemens de ma malheureuse situation, de tous les propos horribles qui me furent tenus, je ne vous citerai que ce qui m'arriva chez M. Dubourg, un des plus riches traitans de la capitale. La femme chez qui je logeois m'avoit adressée à lui, comme à quelqu'un dont le crédit et les richesses pouvoient le plus sûrement adoucir la rigueur de mon sort : après avoir attendu très-longtemps dans l'antichambre de cet homme, on m'introduisit. M. Dubourg, âgé de quarante-huit ans, venoit de sortir de son lit, entortillé d'une robe de chambre flottante qui cachoit à peine son désordre. On s'apprêtoit à le coëffer ; il fit retirer, et me demanda ce que je voulois.

— Hélas ! Monsieur, lui répondis-je toute confuse, je suis une pauvre orpheline qui n'ai pas encore quatorze ans, et qui connois déjà toutes les nuances de l'infortune ; j'implore votre commisération ; ayez pitié de moi, je vous conjure ; et alors je lui détaillai tous mes maux, la difficulté de rencontrer une place, peut-être même la peine que j'éprouvois à en prendre une, n'étant pas née pour cet état ; le malheur que j'avois eu, pendant tout cela, de manger le peu que j'avois.... le défaut d'ouvrage, l'espoir où j'étois qu'il me faciliteroit les moyens de vivre ; tout ce que dicte enfin l'éloquence du malheur, toujours rapide dans une ame sensible, toujours à charge à l'opulence.... Après m'a-voir écoutée avec beaucoup de distraction, M. Dubourg me demanda si j'avois toujours été sage ? — Je ne serois ni aussi pauvre, ni aussi embarrassée, monsieur, répondis-je, si j'avois voulu cesser de l'être. — Mais, me dit à cela Dubourg, à quel titre prétendez-vous que les gens riches vous soulagent, si vous ne les servez en rien ? — Et de quel service prétendez-vous parler, monsieur, répondis-je ? Je ne demande pas mieux que de rendre ceux que la décence et mon âge me permettront de remplir. — Les services d'un enfant comme vous sont peu utiles dans une maison, me répondit Dubourg ; vous n'êtes ni d'âge ni de tournure à vous placer comme vous le demandez. Vous ferez mieux de vous occuper de plaire aux hommes, et de travailler à trouver quelqu'un qui consente à prendre soin de vous : cette vertu, dont vous faites un si grand étalage, ne sert à rien dans le monde ; vous aurez beau fléchir aux pieds de ses autels, son vain encens ne vous nourrira point. La chose qui flatte le moins les hommes, celle dont ils font le moins de cas, celle qu'ils méprisent le plus souverainement, c'est la sagesse de votre sexe ; on n'estime ici-bas, mon enfant, que ce qui rapporte, ou ce qui délecte ; et de quel profit peut nous être la vertu des femmes ? Ce tout leurs désordres qui nous servent et qui nous amusent ; mais leur chasteté nous intéresse on ne sauroit moins. Quand des gens de notre sorte donnent, en un mot, ce n'est jamais que pour recevoir : or, comment une petite fille comme vous peut-elle reconnoître ce qu'on fait pour elle, si ce n'est par l'abandon le plus entier de tout ce qu'on exige de son corps? — O monsieur, répondis-je le cœur gros de soupirs, il n'y a donc plus ni honnêteté ni bienfaisance chez les hommes ? — Fort peu, répliqua Dubourg : on en parle tant ! comment voulez-vous qu'il y en ait ? On est revenu de cette manie d'obliger gratuitement les autres ; on a reconnu que les plaisirs de la charité n'étoient que les jouissances de l'orgueil ; et comme rien n'est aussitôt dis-sipé, on a voulu des sensations plus réelles. On a vu qu'avec un enfant comme vous, par exem-ple, il valoit infiniment mieux retirer, pour fruit de ses avances, tous les plaisirs que peut offrir la luxure, que ceux très-froids et très-futiles de la soulager gratuitement : la réputation d'un homme libéral, aumonier, généreux, ne vaut pas même, à l'instant où il jouit mieux, le plus léger plaisir des sens. — O monsieur, avec

Tome I.   D

de pareils principes, il faut donc que l'infortuné
périsse? — Qu'importe? il y a plus de sujets
qu'il n'en faut en France; pourvu que la machine
ait toujours la même élasticité, que fait à l'État
le plus ou le moins d'individus qui la pressent?
— Mais croyez-vous que des enfans respectent
leurs pères quand ils en sont maltraités! que fait
à un père l'amour d'enfans qui le gênent? — Il
vaudroit donc mieux qu'on nous eût étouffés dès
le berceau? — Assurément; c'est l'usage dans
beaucoup de pays; c'étoit là coutume des Grecs;
c'est celle des Chinois: là, les enfans malheureux s'exposent ou se mettent à mort. A quoi
bon laisser vivre des créatures qui, ne pouvant
plus compter sur les secours de leurs parens, ou
parce qu'ils en sont privés, ou parce qu'ils n'en
sont pas reconnus, ne servent plus dès-lors qu'à
surcharger l'État d'une denrée dont il a déjà
trop? Les bâtards, les orphelins, les enfans mal
conformés devroient être condamnés à mort dès
leur naissance; les premiers et les seconds,
parce que n'ayant plus personne qui veuille ou
qui puisse prendre soin d'eux, ils souillent la
société d'une lie qui ne peut que lui devenir
funeste un jour; et les autres, parce qu'ils ne

peuvent lui être d'aucune utilité : l'une et l'autre de ces classes sont à la société comme ces excroissances de chair qui, se nourrissant du suc des membres sains, les dégradent et les affoiblissent ; ou, si vous l'aimez mieux, comme ces végétaux parasites qui, se liant aux bonnes plantes, les détériorent et les rongent en s'adaptant leur semence nourricière. Abus crians que ces aumônes destinées à nourrir une telle écume, que ces maisons richement dotées qu'on a l'extravagance de leur bâtir, comme si l'espèce des hommes étoit tellement rare, tellement précieuse, qu'il fallût en conserver jusqu'à la plus vile portion. Mais laissons une politique où tu ne dois rien comprendre, mon enfant. Pourquoi se plaindre de son sort, quand il ne tient qu'à soi d'y remédier ? — A quel prix, juste ciel ! — A celui d'une chimère, d'une chose qui n'a de valeur que celle que ton orgueil y met. Au reste, continue ce barbare en se levant et ouvrant la porte, voilà tout ce que je puis pour vous ; consentez-y, ou délivrez-moi de votre présence ; je n'aime pas les mendians... Mes larmes coulèrent ; il me fut impossible de les retenir : le croirez-vous, madame ? elles irritèrent cet homme

au lieu de l'attendrir. Il referme la porte ; et ;
me saisissant par le collet de ma robe , il me
dit avec brutalité qu'il va me faire faire de force
ce que je ne veux pas lui accorder de bon gré.
En cet instant cruel mon malheur me prête du
courage ; je me débarrasse de ses mains ; et
m'élançant vers la porte : Homme odieux , lui
dis-je en m'échappant , puisse le ciel , aussi
grievement offensé par toi , te punir un jour,
comme tu le mérites , de ton exécrable endur-
cissement. Tu n'es digne ni de ces richesses dont
tu fais un aussi vil usage , ni de l'air même que tu
respires dans un monde souillé par tes barbaries.

Je me pressai de raconter à mon hôtesse la
réception de la personne chez laquelle elle m'a-
voit envoyée : mais quelle fut ma surprise de
voir cette misérable m'accabler de reproches ,
au lieu de partager ma douleur ! — Chétive
créature , me dit-elle en colère , t'imagines-tu
que les hommes sont assez dupes pour faire
l'aumône à de petites filles comme toi ; sans
exiger l'intérêt de leur argent ? M. Dubourg est
trop bon d'avoir agi comme il l'a fait ; à sa place
je ne t'aurois pas laissé sortir de chez moi sans
m'avoir contenté. Mais puisque tu ne veux pas

profiter des secours que je t'offre, arrange-toi
comme il te plaira : tu me dois ; demain de l'argent, ou la prison. — Madame, ayez pitié....
— Oui, oui, pitié ; on meurt de faim avec la
pitié.—Mais comment voulez-vous que je fasse ?
— Il faut retourner chez Dubourg ; il faut le
satisfaire ; il faut me rapporter de l'argent : je
le verrai ; je le préviendrai ; je raccommoderai,
si je puis, vos sottises : je lui ferai vos excuses ;
mais songez à vous mieux comporter.

Honteuse, au désespoir, ne sachant quel
parti prendre, me voyant durement repoussée
de tout le monde, presque sans ressource, je
dis à madame Descroches (c'étoit le nom de
mon hôtesse) que j'étois décidée à tout pour la
satisfaire. Elle alla chez le financier, et me dit
au retour qu'elle l'avoit trouvé fort irrité ; que
ce n'étoit pas sans peine qu'elle étoit parvenue
à le fléchir en ma faveur ; qu'à force de suppli-
cations elle avoit pourtant réussi à lui persuader
de me revoir le lendemain matin ; mais que
j'eusse à prendre garde à ma conduite, parce
que si je m'avisois de lui désobéir encore, lui-
même se chargeroit du soin de me faire enfermer
pour la vie.

J'arrive toute émue; Dubourg étoit seul, dans
un état plus indécent encore que la veille. La
brutalité, le libertinage, tous les caractères de
la débauche éclatoient dans ses regards sournois.
—Remerciez la Descroches, me dit-il durement,
de ce que je veux bien, en sa faveur, vous
rendre un instant mes bontés; vous devez sentir
combien vous en êtes indigne après votre conduite d'hier. Déshabillez-vous; et si vous opposez encore la plus légère résistance à mes desirs,
deux hommes vous attendent dans mon antichambre pour vous conduire en un lieu dont
vous ne sortirez de vos jours.

O monsieur! dis-je en pleurs et me précipitant aux genoux de cet homme barbare,
laissez-vous fléchir, je vous en conjure: soyez
assez généreux pour me secourir, sans exiger
de moi ce qui me côute assez pour vous offrir
plutôt ma vie que de m'y soumettre.... Oui,
j'aime mieux mourir mille fois que d'enfreindre
les principes que j'ai reçus dans mon enfance...
Monsieur, monsieur, ne me contraignez pas,
je vous supplie : pouvez-vous concevoir le
bonheur au sein des dégoûts et des larmes! Osez-
vous soupçonner le plaisir où vous ne verrez que

des répugnances ? Vous n'aurez pas plutôt consommé votre crime, que le spectacle de mon
désespoir vous accablera de remords... Mais les
infamies où se livroit Dubourg m'empêchèrent
de poursuivre. Aurois-je pu me croire capable
d'attendrir un homme qui trouvoit déjà dans
ma propre douleur un véhicule de plus à ses
horribles passions ? Le croiriez-vous, madame ?
s'enflammant aux accens aigus de mes plaintes,
les savourant avec inhumanité, l'indigne se
disposoit lui-même à ses criminelles tentatives.
Il se lève; et se montrant à la fin à moi dans
un état où la raison triomphe rarement, et où
la résistance de l'objet qui la fait perdre n'est
qu'un aliment de plus au délire ; il me saisit
avec brutalité, enlève impétueusement les voiles
qui dérobent encore ce dont il brûle de jouir:
tour-à-tour il m'injurie... me flatte... Il me
maltraite et me caresse... Oh ! quel tableau,
grand-Dieu ! quel mélange inouï de dureté
de luxure ! Il sembloit que l'Être-Suprême
voulût, dans cette première circonstance de ma
vie, imprimer à jamais en moi toute l'horreur
que je devois avoir pour un genre de crime
d'où devoit naître l'affluence des maux dont

j'étois menacée. Mais falloit-il m'en plaindre
alors ? Non sans doute ; à ces excès je dus mon
salut ; moins de débauche, et j'étois une fille
flétrie : les feux de Dubourg s'éteignirent dans
l'effervescence de ses entreprises ; le ciel me
vengea des offenses où le monstre alloit se livrer,
et la perte de ses forces, avant le sacrifice, me
préserva d'en être la victime.

Dubourg n'en devint que plus insolent ; il
m'accusa des torts de sa foiblesse... voulut les
réparer par de nouveaux outrages et des invec-
tives encore plus mortifiantes ; il n'y eut rien
qu'il ne me dît, rien qu'il ne tentât, rien que
sa perfide imagination, la dureté de son caractère et la dépravation de ses mœurs ne lui fit
entreprendre. Ma mal-adresse l'impatienta ;
j'étois loin de vouloir agir ; c'étoit beaucoup
que de me prêter : mes remords n'en sont pas
éteints,... Cependant rien ne réussit, ma soumission cessa de l'enflammer ; il eut beau passer
successivement de la tendresse à la rigueur...
de l'esclavage à la tyrannie... de l'air de la décence aux excès de la crapule, nous nous trouvâmes excédés l'un et l'autre, sans qu'il pût
heureusement recouvrer ce qu'il falloit pour

me porter de plus dangereuses attaques. Il y
renonça, me fit promettre de venir le trouver
le lendemain ; et pour m'y déterminer plus
sûrement, il ne voulut absolument me donner
que la somme que je devois à la Descroches. Je
revins donc chez cette femme, bien humiliée
d'une pareille aventure, et bien résolue, quelque
chose qu'il pût m'arriver, de ne pas m'y ex-
poser une troisième fois. Je l'en prévins en la
payant, et en accablant de malédictions le scélérat capable d'abuser aussi cruellement de ma
misère. Mais mes imprécations, loin d'attirer
sur lui la colère de Dieu, ne firent que lui porter
bonheur : huit jours après j'appris que cet
insigne libertin venoit d'obtenir du gouverne-
ment une régie générale qui augmentoit ses
revenus de plus de quatre cent mille livres de
rentes. J'étois absorbée dans les réflexions que
font naître inévitablement de semblables inconséquences du sort, quand un rayon d'espoir
sembla luire un instant à mes yeux.

La Descroches vint me dire un jour qu'elle
avoit enfin trouvé une maison où l'on me rece-
vroit avec plaisir, pourvu que je m'y compor-
tasse bien. — O Ciel ! madame, lui dis-je en

me jetant avec transport dans ses bras ; cette
condition est celle que j'y mettrois moi-même :
jugez si je l'accepte avec plaisir ! L'homme que
je devois servir étoit un fameux usurier de Paris,
qui s'étoit enrichi non-seulement en prêtant sur
gages, mais même en volant impunément le
public chaque fois qu'il avoit cru le pouvoir
faire en sûreté. Il demeuroit rue Quincampoix,
à un second étage, avec une créature de cinquante ans, qu'il appeloit sa femme, et pour
le moins aussi méchante que lui. Thérèse, me
dit cet avare (tel étoit le nom que j'avois pris
pour cacher le mien...) Thérèse, la première
vertu de ma maison, c'est la probité ; si jamais
vous détourniez d'ici la dixième partie d'un
denier, je vous ferois pendre, voyez-vous,
mon enfant. Le peu de douceur dont nous jouis-
sons, ma femme et moi, est le fruit de nos
travaux immenses et de notre parfaite sobriété...
Mangez-vous beaucoup, ma petite ? — Quelques onces de pain par jour, monsieur, lui
répondis-je, de l'eau et un peu de soupe quand
je suis assez heureuse pour en avoir. — De la
soupe, morbleu ! de la soupe ! regardez, ma
mie, dit l'usurier à sa femme : gémissez des

progrès du luxe ; ça cherche condition , ça
meure de faim depuis un an , et ça veut manger
de la soupe : à peine en faisons-nous une fois
tous les dimanches , nous qui travaillons comme
des forçats. Vous aurez trois onces de pain par
jour, ma fille , une demi-bouteille d'eau de ri-
vière , une vieille robe de ma femme tous les
dix-huit mois , et trois écus de gages au bout
de l'année , si nous sommes contens de vos
services , si votre économie répond à la nôtre ,
et si vous faites enfin prospérer la maison par
de l'ordre et de l'arrangement. Votre service
est médiocre ; c'est l'affaire d'un clin-d'œil ;
il s'agit de frotter et nettoyer trois fois la semaine cet appartement de six pièces ; de faire
nos lits, de répondre à la porte , de poudrer
ma perruque , de coiffer ma femme , de soigner
le chien et le perroquet , de veiller à la cuisine ,
d'en nettoyer les ustensiles , d'aider à ma femme
quand elle nous fait un morceau à manger , et
d'employer quatre ou cinq heures par jour à
faire du linge , des bas , des bonnets et autres
petits meubles de ménage. Vous voyez que ce
n'est rien , Thérèse ; il vous restera bien du
tems ; nous vous permettrons d'en faire usage

pour votre compte, pourvu que vous soyez sage, mon enfant, discrète, économe sur-tout! c'est l'essentiel.

Vous imaginez aisément, madame, qu'il falloit se trouver dans l'affreux état où j'étois pour accepter une telle place : non-seulement il y avoit infiniment plus d'ouvrage que mes forces ne me permettoient d'entreprendre ; mais pouvois-je vivre avec ce qu'on m'offroit? Je me gardai pourtant bien de faire la difficile, et je fus installée dès le même soir.

Si ma cruelle situation permettoit que je vous amusasse un instant, madame, quand je ne dois penser qu'à vous attendrir, j'oserois vous raconter quelques traits d'avarice dont je fus témoin dans cette maison ; mais une catastrophe si terrible pour moi m'y attendoit dès la seconde année, qu'il m'est bien difficile de vous arrêter sur des détails amusans, avant que de vous entretenir de mes malheurs.

Vous saurez cependant, madame, qu'on n'avoit jamais d'autre lumière dans l'appartement de M. du Harpin, que celle qu'il déroboit au reverbère heureusement placé en face de sa chambre : jamais ni l'un ni l'autre n'usoient de

linge,

linge; on emmagasinoit celui que je faisois, on n'y touchoit de la vie; il y avoit aux manches de la veste de monsieur, ainsi qu'à celles de la robe de madame, une vieille paire de manchettes cousues après l'étoffe, et que je lavois tous les samedis au soir, point de draps, point de serviettes, et tout cela pour éviter le blanchissage. — On ne buvoit jamais de vin chez lui, l'eau claire étant, disoit madame du Harpin, la boisson naturelle de l'homme, la plus saine et la moins dangereuse. Toutes les fois qu'on coupoit le pain, il se plaçoit une corbeille sous le couteau, afin de recueillir ce qui tomboit; on y joignoit, avec exactitude, toutes les miettes qui pouvoient se faire aux repas; et ce mets frit, le dimanche, avec un peu de beurre, composoit le plat de festin de ces jours de repos. Jamais il ne falloit battre les habits ni les meubles de peur de les user, mais les housser légèrement avec un plumeau. Les souliers de monsieur, ainsi que ceux de madame, étoient doublés de fer; c'étoient les mêmes qui leur avoient servi le jour de leurs noces. Mais une pratique beaucoup plus bizarre étoit celle qu'on me faisoit exercer une fois la semaine. Il y avoit dans l'appartement

un assez grand cabinet dont les murs n'é-
toient point tapissés ; il falloit qu'avec un
couteau j'allasse raper une certaine quantité de
plâtre de ces murs, que je passois ensuite dans
un tamis fin ; ce qui résultoit de cette opération
devenoit la poudre de toilette dont j'ornois
chaque matin et la perruque de monsieur et le
chignon de madame. Ah ! plut à Dieu que ces
turpitudes eussent été les seules où se fussent
livrés ces vilaines gens! Rien de plus naturel que
le desir de conserver son bien, mais ce qui ne
l'est pas autant, c'est l'envie de l'augmenter de
celui des autres, et je ne fus pas long tems à
m'appercevoir que ce n'étoit qu'ainsi que s'en-
richissoit du Harpin.

Il logeoit au-dessus de nous un particulier
fort à son aise, possédant d'assez jolis bijoux,
et dont les effets, soit à cause du voisinage,
soit pour avoir passé par les mains de mon
maître, se trouvoient très-connus de lui. Je
lui entendoit souvent regretter avec sa femme
une certaine boîte d'or de trente à quarante
louis, qui lui seroit infailliblement restée,
disoit-il, s'il avoit su s'y prendre avec plus
d'adresse. Pour se consoler enfin d'avoir rendu

cette boîte, l'honnête M. du Harpin projetta de la voler, et ce fut moi qu'on chargea de la négociation.

Après m'avoir fait un grand discours sur l'indifférence du vol, sur l'utilité même dont il étoit dans le monde, puisqu'il y rétablissoit une sorte d'équilibre, que dérangeoit totalement l'inégalité des richesses; sur la rareté des punitions, puisque de vingt voleurs il étoit prouvé qu'il n'en périssoit pas deux; après m'avoir démontré, avec une érudition dont je n'aurois pas cru M. du Harpin capable, que le vol étoit en honneur en toute la Grèce, que plusieurs peuples encore l'admettoient, le favorisoient, le récompensoient comme une action hardie, prouvant à la fois le courage et l'adresse (deux vertus essentielles à toute nation guerrière), après m'avoir, en un mot exalté son crédit qui me tireroit de tout si j'étois découverte, M. du Harpin me remit deux clefs, dont l'une devoit ouvrir l'appartement du voisin, l'autre son secrétaire, dans lequel étoit la boîte en question. Il m'enjoignit de lui apporter incessamment cette boîte, et pour un service aussi essentiel je recevrois, pendant deux ans, un écu de plus

sur mes gages.—O monsieur ! m'écriai-je en
frémissant de la proposition, est-il possible
qu'un maître ose corrompre ainsi son domestique ? Qui m'empêche de faire tourner contre
vous les armes que vous me mettez à la main ?
et qu'avez-vous à m'objecter si je vous rends un
jour victime de vos propres principes ? Du
Harpin confondu, se jetta sur un subterfuge
mal-adroit : il me dit que ce qu'il faisoit n'étoit
qu'à dessein de m'éprouver ; que j'étois bien
heureuse d'avoir résisté à ses propositions...
que j'étois perdue si j'avois succombée.. Je me
payai de ce mensonge ; mais je sentis bientôt le
tort que j'avois eu de répondre aussi fermement :
les malfaiteurs n'aiment pas à trouver de la résistance dans ceux qu'ils cherchent à séduire ; il n'y
a malheureusement point de milieu dès qu'on est
assez à plaindre pour avoir reçu leurs propositions ; il faut nécessairement devenir dès-lors ou
leurs complices, ce qui est fort dangereux, ou
leurs ennemis, ce qui l'est encore davantage.
Avec un peu plus d'expérience, j'aurois quitté
la maison dès l'instant ; mais il étoit déjà écrit
dans le ciel que chacun des mouvemens honnêtes
qui devroit éclore de moi, seroit acquitté par
des malheurs.

M. du Harpin laissa couler près d'un mois, c'est-à-dire, à-peu-près jusqu'à l'époque de la fin de la seconde année de mon séjour chez lui, sans dire un mot, et sans témoigner le plus léger ressentiment du refus que je lui avois fait, lorsqu'un soir, venant de me retirer dans ma chambre pour y goûter quelques heures de repos, j'entendis tout-à-coup jeter ma porte en dedans, et vis, non sans effroi, monsieur du Harpin conduisant un commissaire et quatre soldats du guet près de mon lit. —Faites votre devoir, monsieur, dit-il à l'homme de justice; cette malheureuse m'a volé un diamant de mille écus; vous le trouverez dans sa chambre ou sur elle; le fait est certain. —Moi, vous avoir volé, monsieur! dis-je en me jetant toute troublée hors de mon lit; moi! juste ciel! Ah! qui sait mieux que vous le contraire? Qui doit être mieux pénétré que vous du point auquel cette action me répugne, et de l'impossibilité qu'il y a que je l'aie commise? Mais du Harpin faisant beaucoup de bruit pour que mes paroles ne fussent pas entendues, continua d'ordonner les perquisitions, et la malheureuse bague fut trouvée dans mon matelas. Avec des preuves de

cette force il n'y avoit point à répliquer ; je fus
à l'instant saisie, garottée et conduite en prison,
sans qu'il me fût seulement possible de faire
entendre un mot en ma faveur.

Le procès d'une malheureuse qui n'a ni
crédit, ni protection, est promptement fait
dans un pays où l'on croit la vertu incompatible
avec la misère... où l'infortune est une preuve
complète contre l'accusé : là, une injuste pré-
vention fait croire que celui qui a dû commettre
le crime, l'a commis ; les sentimens se mesurent
à l'état où l'on trouve le coupable ; et sitôt que
de l'or ou des titres n'établissent pas son innocence, l'impossibilité qu'il puisse être innocent
devient alors démontrée (1).

J'eus beau me défendre, j'eus beau fournir
les meilleurs moyens à l'avocat de forme qu'on
me donna pour un instant, mon maître m'ac-
cusoit ; le diamant s'étoit trouvé dans ma
chambre ; il étoit clair que je l'avois volé. Lorsque je voulus citer le trait horrible de M. du
Harpin, et prouver que le malheur qui m'arrivoit

---

(1) Siècles à venir ! vous ne verrez plus ce
comble d'horreurs et d'infamie.

n'étoit que le fruit de sa vengeance, et la suite de l'envie qu'il avoit de se défaire d'une créature qui, tenant son secret, devenoit maîtresse de lui, on traita ces plaintes de récriminations; on me dit que M. du Harpin étoit connu depuis vingt ans pour un homme intègre, incapable d'une telle horreur. Je fus transférée à la conciergerie, où je me vis au moment d'aller payer de mes jours le refus de participer à un crime. Je périssois; un nouveau délit pouvoit seul me sauver : la providence voulut que le crime servit, au moins une fois, d'égide à la vertu; qu'il la préservât de l'abime où l'alloit engloutir l'imbécilité des juges.

J'avois près de moi une femme d'environ quarante ans, aussi célèbre par sa beauté que par l'espèce et la multiplicité de ses forfaits; on la nommoit Dubois, et elle étoit, ainsi que la malheureuse Thérèse, à la veille de subir un jugement de mort; le genre seul embarrassoit les juges. S'étant rendue coupable de tous les crimes imaginables, on se trouvoit presqu'obligé ou à inventer pour elle un supplice nouveau, ou à lui en faire subir un dont nous exempte notre sexe. J'avois inspiré une sorte d'intérêt à

cette femme ; intérêt criminel, sans doute,
puisque la base étoit comme je le sus depuis,
l'extrême desir de faire une prosélyte de moi.

Un soir, deux jours peut-être tout au plus
avant celui où nous devions perdre l'une et
l'autre la vie, la Dubois me dit de ne me point
coucher, et de me tenir avec elle, sans affec-
tation, le plus près possible des portes de la
prison. Entre sept et huit heures, poursuivit-
elle, le feu prendra à la conciergerie ; c'est
l'ouvrage de mes soins : beaucoup de gens seront
brûlés sans doute ; peu importe, Thérèse, osa
me dire cette scélérate ; le soit des autres doit
être toujours nul dès qu'il s'agit de notre bien-
être ; ce qu'il y a de sûr, c'est que nous nous
sauverons ; quatre hommes, mes complices et
mes amis, se joindront à nous, et je te réponds
de ta liberté.

Je vous l'ai dit, madame, la main du ciel
qui venoit de punir l'innocence dans moi,
servit le crime dans ma protectrice. Le feu
prit, l'incendie fut horrible ; il y eut vingt-une
personnes de brûlées ; mais nous nous sauvâmes.
Dès le même jour nous gagnâmes la chaumière
d'un braconnier de la forêt de Bondi, intime
ami de notre bande.

Te voilà libre, Thérèse, me dit alors la Dubois ; tu peux maintenant choisir tel genre de vie qu'il te plaira : mais si j'ai un conseil à te donner, c'est de renoncer à des pratiques de vertu, qui, comme tu vois, ne t'ont jamais réussi ; une délicatesse déplacée t'a conduit aux pieds de l'échafaud ; un crime affreux m'en sauve : regarde à quoi les bonnes actions servent dans le monde, et si c'est bien la peine de s'immoler pour elles ! tu es jeune et jolie, Thérèse ; en deux ans je me charge de ta fortune ; mais n'imagine pas que je te conduise à son temple par les sentiers de la vertu : il faut, quand on veut faire son chemin, chère fille, entreprendre plus d'un métier, et servir plus d'une intrigue. Décide-toi donc ; nous n'avons point de sûreté dans cette chaumière ; il faut que nous en partions dans peu d'heures.

O madame ! dis-je à ma bienfaitrice, je vous ai de grandes obligations ; je suis loin de vouloir m'y soustraire ; vous m'avez sauvé la vie ; il est affreux pour moi que ce soit par un crime : croyez que s'il me l'eût fallut commettre, j'eusse préféré mille morts à la douleur d'y participer : je sens tous les dangers que j'ai

courus pour m'être abandonnée aux sentimens
honnêtes qui resteront toujours dans mon cœur.
Mais quelques soient, madame, les épines de
la vertu, je les préférerai sans cesse aux dangereuses faveurs qui accompagnent le crime.
Il est en moi des principes de religion qui,
grace au ciel, ne me quitteront jamais : si la
providence me rend pénible la carrière de la
vie, c'est pour me dédommager dans un monde
meilleur. Cet espoir me console ; il adoucit
mes chagrins ; il appaise mes plaintes ; me for-
tifie dans la détresse, et me fait braver tous les
maux qu'il plaira à Dieu de m'envoyer. Cette
joie s'éteindroit aussitôt dans mon sein, si je
venois à la souiller par des crimes ; et avec la
crainte des châtimens de ce monde, j'aurois le
douloureux aspect des supplices de l'autre, qui
ne me laisseroit pas un instant dans la tranquillité que je desire. — Voilà des systêmes
absurdes qui te conduiront bientôt à l'hôpital,
ma fille, dit la Dubois en fronçant le sourcil ;
crois-moi, laisse-là la justice de Dieu, ses châtimens ou ses récompenses à venir, toutes ces
platitudes-là ne sont bonnes qu'à nous faire
mourir de faim. O Thérèse ! la dureté des riches

légitime la mauvaise conduite des pauvres; que
leur bourse s'ouvre à nos besoins, que l'humanité règne dans leurs cœurs, et les vertus pourront
s'établir dans le nôtre; mais tant que notre
infortune, notre patience à la supporter, notre
bonne-foi, notre asservissement ne serviront
qu'à doubler nos fers, nos crimes deviendront
leur ouvrage; et nous serions bien dupes de
nous les refuser, quand ils peuvent amoindrir
le joug dont leur cruauté nous surcharge! la
nature nous a fait naître tous égaux, Thérèse;
si le sort se plait à déranger ce premier plan
des lois générales, c'est à nous d'en corriger
les caprices, et de réparer, par notre adresse,
les usurpations du plus fort. J'aime à les entendre ces gens riches, ces gens titrés, ces
magistrats, ces prêtres; j'aime à les voir nous
prêcher la vertu! Il est bien difficile de se
garantir du vol, quand on a trois fois plus qu'il
ne faut pour vivre! bien mal-aisé de ne jamais
concevoir le meurtre quand on est entouré que
d'adulateurs ou d'esclaves dont nos volontés
font les lois! bien pénible, en vérité, d'être
tempérant et sobre, quand on est à chaque
heure entouré des mets les plus succulens! ils

ont bien du mal à être sincères , quand il ne se
présente aucun intérêt de mentir !.. Mais nous ,
Thérèse , nous que cette providence barbare ,
dont tu as la folie de faire ton idole , a condamnés à ramper dans l'humiliation comme le
serpent dans l'herbe ; nous qu'on ne voit qu'a-
vec dédain , parce que nous sommes pauvres ;
qu'on tyrannise , parce que nous sommes foibles ; nous , dont les lèvres ne sont abreuvées
que de fiel , et dont les pas ne pressent que des
ronces , tu veux que nous nous défendions du
crime quand sa main seule nous ouvre la porte
de la vie ; nous y maintient , nous y conserve ,
et nous empêche de la perdre ? tu veux que ,
perpétuellement soumis et dégradés , pendant
que cette classe qui nous maîtrise a pour elle
toutes les faveurs de la fortune , nous ne nous
réservions que la peine , l'abattement et la douleur , que le besoin et que les larmes , que les
flétrissures et l'échafaud ? Non . non , Thérèse ,
non ; ou cette providence que tu révères n'est
faite que pour nos mepris , ou ce ne sont point
là ses volontés. Connois-la mieux , mon enfant ,
convainc-toi que dès qu'elle nous place dans
une situation où le mal nous devient nécessaire ,
et

et qu'elle nous laisse en même-tems la possibilité de l'exercer, c'est que ce mal sert à ses
lois comme le bien, et qu'elle gagne autant à
l'un qu'à l'autre : l'état où elle nous a créés,
est l'égalité ; celui qui le dérange n'est pas plus
coupable que celui qui cherche à le rétablir ;
tous deux agissent d'après les impulsions reçues,
tous deux doivent les suivre et jouir.

Je l'avoue, si jamais je fus ébranlée, ce fut
par les séductions de cette femme adroite ; mais
une voix plus forte qu'elle combattoit ses sophismes dans mon cœur ; je m'y rendis ; je
déclarai à la Dubois que j'étois décidée à ne
me jamais laisser corrompre. — Eh bien, me
répondit-elle, deviens ce que tu voudras ; je
t'abandonne à ton mauvais sort ; mais si jamais
tu te fais pendre, ce qui ne peut te fuir, par la
fatalité qui sauve inévitablement le crime en
immolant la vertu, souviens-toi de ne jamais
parler de nous.

Pendant que nous raisonnions ainsi, les
quatre compagnons de la Dubois buvoient avec
le braconnier ; et comme le vin dispose l'ame
du malfaiteur à de nouveaux crimes, et lui fait
oublier les anciens, nos scélérats n'apprirent

pas plutôt mes résolutions, qu'ils se décidèrent
à faire de moi une victime, n'en pouvant faire
une complice. Leurs principes, leurs mœurs,
le sombre réduit où nous étions, l'espèce de
sécurité dans laquelle ils se croyoient, leur
ivresse, mon âge, mon innocence, tout les
encouragea. Ils se lèvent de table ; ils tiennent
conseil ; ils consultent la Dubois (procédés dont
le lugubre mystère me fait frissonner d'horreur),
et le résultat est enfin un ordre de me prêter sur-
le-champ à satisfaire les desirs de chacun des
quatre, ou de bonne grace ou de force : si je
le fais de bonne grace, ils me donneront chacun
un écu pour me conduire où je voudrai, s'il
leur faut employer la violence, la chose se fera
tout de même ; mais pour que le secret soit
mieux gardé, ils me poignarderont après s'être
satisfaits, et m'enterreront au pied d'un arbre.

Je n'ai pas besoin de vous peindre l'effet que
me fit cette cruelle proposition, madame ; vous
le comprenez sans peine. Je me jetai aux genoux
de la Dubois ; je la conjurai d'être une seconde
fois ma protectrice, la malhonnête créature ne
fit que rire de mes larmes : — Oh parbleu, me
dit-elle, te voilà bien malheureuse !... Quoi !

tu frémis de l'obligation de servir successivement
à quatre beaux grands garçons comme ceux-là?
Mais sais-tu bien qu'il y a dix mille femmes à
Paris qui donneroient la moitié de leur or ou
de leurs bijoux pour être à ta place? Écoute,
ajouta-t-elle pourtant après un peu de réflexion : j'ai assez d'empire sur ces drôles-là
pour obtenir ta grace aux conditions que tu
t'en rendras digne. — Hélas , madame ! que
faut-il faire? m'écriai-je en larmes ; ordonnez-
moi , je suis toute prête. — Nous suivre, t'en-
rôler avec nous, et commettre les mêmes choses
sans la plus légère répugnance : à ce seul prix
je te sauve le reste. Je ne crus pas devoir balancer ; en acceptant cette cruelle condition , je
courois de nouveaux dangers, j'en conviens ;
mais ils étoient moins pressans que ceux-ci ;
peut-être pouvois-je m'en garantir , tandis que
rien n'étoit capable de me soustraire à ceux qui
me menaçoient. — J'irai par-tout, madame ,
dis-je promptement à la Dubois ; j'irai par-
tout, je vous le promets ; sauvez-moi de la
fureur de ces hommes, et je ne vous quitterai
de ma vie.

Enfans, dit la Dubois aux quatre bandits ;

cette fille est de la troupe ; je l'y reçois , je l'y
installe ; je vous supplie de ne point lui faire
de violence ; ne la dégoûtons pas du métier dès
les premiers jours ; vous voyez comme son âge
et sa figure peuvent nous être utiles , servons-
nous-en pour nos intérêts , et ne la sacrifions
pas à nos plaisirs.

Mais les passions ont un degré d'énergie dans
l'homme , où rien ne peut les captiver. Les
gens à qui j'avois affaire n'étoient plus en état
de rien entendre ; m'entourant tous les quatre ,
me dévorant de leurs regards en feu , me mena-
çant d'une manière plus terrible encore ; prêts
à me saisir , prêts à m'immoler... Il faut qu'elle
y passe , dit l'un d'eux ; il n'y a plus moyen de
lui faire de quartier : ne diroit-on pas qu'il faut
faire preuve de vertus pour être dans une troupe
de vôleurs ? Et ne nous servira-t-elle pas aussi
bien flétrie que vierge ? J'adoucis les expressions,
vous les comprenez , madame ; j'affoiblirai de
même les tableaux ; hélas ! l'obscénité de leur
teinte est telle , que votre pudeur souffriroit
de leur nudité , pour le moins autant que ma
timidité.

Douce et tremblante victime , hélas ! je

frémissois; à peine avois-je la force de respirer:
à genoux devant tous les quatre, tantôt mes
foibles bras s'élevoient pour les implorer, et
tantôt pour fléchir la Dubois.... Un moment,
dit un nommé Cœur-de-Fer qui paroissoit le
chef de la bande, homme de trente-six ans,
d'une force de taureau et d'une figure de satyre;
un moment, mes amis : il est possible de con-
tenter tout le monde : puisque la vertu de cette
petite fille lui est si précieuse, et que, comme
dit fort bien la Dubois, cette qualité, différemment mise en action, pourra nous devenir
nécessaire, laissons-la-lui ; mais il faut que
nous soyons appaisés ; les têtes n'y sont plus,
Dubois ; et dans l'état où nous voilà, nous
t'égorgerions peut-être toi-même si tu t'op-
posois à nos plaisirs ; que Thérèse se mette à
l'instant aussi nue que le jour qu'elle est venue
au monde, et qu'elle se prête ainsi tour-à-tour
aux différentes positions qu'il nous plaira d'exiger, pendant que la Dubois, appaisant nos
ardeurs, fera brûler l'encens sur les autels dont
cette créature nous refuse l'entrée. —Me mettre
nue, m'écriai-je! ô ciel! qu'exigez-vous?
Quand je serai livrée de cette manière à vos

regards, qui pourra me répondre... Mais Cœur-
de-Fer qui ne paroissoit pas d'humeur à m'en
accorder davantage, ni à suspendre ses désirs,
m'invectiva en me frappant d'une manière si
brutale, que je vis bien que l'obéissance étoit
mon dernier lot. Il se plaça dans les mains de
la Dubois, mise par lui à-peu-près dans le
même désordre que le mien; et dès que je fus
comme il desiroit, m'ayant fait mettre les bras
à terre, ce qui me faisoit ressembler à une bête,
la Dubois appaisa ses feux en approchant une
espèce de monstre positivement aux péristiles
de l'un et de l'autre autel de la nature, en telle
sorte qu'à chaque secousse elle dût fortement
frapper ces parties de sa main pleine, comme
le bélier jadis aux portes des villes assiégées. La
violence des premières attaques me fit reculer.
Cœur-de-Fer en fureur me menaça de traitemens
plus durs, si je me soustrayois à ceux-là : la
Dubois a ordre de redoubler; un de ces libertins
contient mes épaules et m'empêche de chan-
celer sous les saccades : elles deviennent tellement rudes, que j'en suis meurtrie, et sans
pouvoir en éviter aucune. En vérité, dit Cœur-
de-Fer en balbutiant, à sa place j'aimerois

mieux livrer les portes que de les voir ébranlées
ainsi ; mais elle ne le veut pas , nous ne man-
querons point à la capitulation... Vigoureusement... vigoureusement, Dubois... Et l'éclat
des feux de ce débauché , presqu'aussi violent
que ceux de la foudre , vint s'anéantir sur les
brèches molestées sans être entr'ouvertes.

Le second me fit mettre à genoux entre ses
jambes ; et pendant que la Dubois l'appaisoit
comme l'autre , deux procédés l'occupoient
tout entier ; tantôt il frappoit à main ouverte ,
mais d'une manière très-nerveuse , ou mes
joues ou mon sein ; tantôt sa bouche impure
venoit souiller la mienne. Ma poitrine et mon
visage devinrent dans l'instant d'un rouge de
pourpre. Je souffrois, je lui demandai grace ,
et mes larmes couloient sur mes yeux : elles
l'irritèrent ; il redoubla. En ce moment ma
langue fut mordue, et les deux fraises de mon
sein tellement froissées, que je me rejetai en
arrière ; mais j'étois contenue. On me repoussa
sur lui ; je fus pressée plus fortement de par-
tout, et son extase se décida.

Le troisième me fit monter sur deux chaises
écartées , et s'asséyant en-dessous ; excité par la

Dubois, placé dans ses jambes, il me fit pencher jusqu'à ce que sa bouche se trouvât perpendiculaire au temple de la nature. Vous n'imagineriez pas, madame, ce que ce mortel obscène osa desirer; il me fallut, envie ou non, satisfaire à de légers besoins... Juste ciel! quel homme assez dépravé peut goûter un instant le plaisir à de telles choses!... Je fis ce qu'il voulut; je l'inondai, et ma soumission toute entière obtint de ce vilain homme, une ivresse que rien n'eût déterminé sans cette infamie.

Le quatrième m'attacha des ficelles à toutes les parties où il devenoit possible de les adapter; il en tenoit le faisceau dans sa main, assis à sept ou huit pieds de mon corps, fortement excité par les attouchemens et les baisers de la Dubois; j'étois droite, et c'est en tiraillant fortement tour à tour chacune de ces cordes que le sauvage irritoit ses plaisirs : je chancelois, je perdois à tout moment l'équilibre ; il s'extasioit à chacun de mes trébuchemens ; enfin toutes les ficelles se tirèrent à-la-fois avec tant d'irrégularité, que je tombai à terre auprès de lui : tel étoit son unique but ; et mon front, mon sein et mes joues reçurent les preuves d'un délire qu'il ne devoit qu'à cette manie.

Voilà ce que je souffris, madame; mais mon honneur au moins se trouva respecté, si ma pudeur ne le fut point. Un peu plus calme, ces bandits parlèrent de se mettre en route; et dès la même nuit ils gagnèrent Tremblai, avec l'intention de s'approcher des bois de Chantilly, où ils s'attendoient à quelques bons coups.

Rien n'égaloit le désespoir où j'étois de l'obligation de suivre de tels gens, et je ne m'y déterminai que bien résolue à les abandonner dès que je le pourrois sans risque. Nous couchâmes le lendemain aux environs de Louvres, sous des meules de foin: je voulus m'étayer de la Dubois, et passer la nuit à sés côtés; mais il me parut qu'elle avoit le projet de s'employer à autre chose qu'à préserver ma vertu des attaques que je pouvois craindre : trois l'entourèrent, et l'abominable créature se livra sous nos yeux à tous les trois en même tems. Le quatrième s'approcha de moi; c'étoit le chef : Belle Thérèse, me dit-il, j'espère que vous ne me refuserez pas au moins le plaisir de passer la nuit près de vous ? Et comme il s'apperçut de mon extrême répugnance; Ne craignez point, dit-il ; nous jaserons, et je n'entreprendrai rien que de votre gré.

O Thérèse ! continua-t-il en me pressant dans ses bras, n'est-ce pas une grande folie que cette prétention où vous êtes de vous conserver pure avec nous ? Dussions-nous même y consentir, cela pourroit-il s'arranger avec les intérêts de la troupe ? Il est inutile de vous le dissimuler, chère enfant ; mais quand nous habiterons les villes, ce n'est qu'aux piéges de vos charmes que nous comptons prendre des dupes. — Eh bien, monsieur, répondis-je, puisqu'il est certain que je préférerois la mort à ces horreurs, de quelle utilité puis-je vous être, et pourquoi vous op-posez-vous à ma fuite. — Assurément nous nous y opposons, mon ange, répondit Cœur-de-Fer ; vous devez servir nos intérêts ou nos plaisirs ; vos malheurs vous imposent ce joug ; il faut le subir : mais vous le savez, Thérèse, il n'y a rien qui ne s'arrange dans le monde ; écoutez-moi donc, et faites vous-même votre sort : consentez de vivre avec moi, chère fille ; consentez à m'appartenir en propre, et je vous épargne le triste rôle qui vous est destiné. — Moi, mon-sieur ! m'écriai-je, devenir la maîtresse d'un ...
— Dites le mot, Thérèse, dites le mot ; d'un coquin, n'est-ce pas ? Je l'avoue ; mais je ne

puis vous offrir d'autres titres : vous sentez bien
que nous n'épousons pas , nous autres; l'hymen
est un sacrement, Thérèse ; et pleins d'un égal
mépris pour tous , jamais nous n'approchons
d'aucun. Cependant raisonnez un peu ; dans
l'indispensable nécessité où vous êtes de perdre
ce qui vous est si cher , ne vaut-il pas mieux le
sacrifier à un seul homme qui deviendra dès-.
lors votre soutien et votre protecteur , que de
vous prostituer à tous ? —Mais pourquoi faut-.
il, répondis-je, que je n'aie pas d'autre parti à
prendre? parce que nous vous tenons, Thérèse,
et que la raison du plus fort est toujours la
meilleure : il y a long-tems que la Fontaine l'a
dit. En vérité, poursuivit-il rapidement, n'est-ce
pas une extravagance ridicule, que d'attacher,
comme vous le faites, autant de prix à la
plus futile des choses? comment une fille peut-
elle être assez simple pour croire que la vertu
puisse dépendre d'un peu plus ou d'un peu
moins de largeur dans une des parties de son
corps? Eh! qu'importe aux hommes ou à Dieu
que cette partie soit intacte ou flétrie ? je dis
plus; c'est que l'intention de la nature étant que
chaque individu remplisse ici-bas toutes les vues

pour lesquelles il a été formé, et les femmes n'existant que pour servir de jouissance aux hommes, c'est visiblement l'outrager que de résister ainsi à l'intention qu'elle a sur vous, c'est vouloir être une créature inutile au monde, et par conséquent méprisable. Cette sagesse chimérique dont on a eu l'absurdité de vous faire une vertu, et qui, dès l'enfance, bien loin d'être utile à la nature et à la société, outrage visiblement l'une et l'autre, n'est donc plus qu'un entêtement répréhensible dont une personne, aussi remplie d'esprit que vous, ne devroit pas vouloir être coupable. N'importe, continuez de m'entendre, chère fille ; je vais vous prouver le désir que j'ai de vous plaire et de respecter votre foiblesse. Je ne toucherai point, Thérèse, à ce fantôme dont la possession fait tous vos délices : une fille a plus d'une faveur à donner, et Vénus avec elle est fêtée dans bien plus d'un temple ; je me contenterai du plus médiocre ; vous le savez, ma chère ; près des autels de Cypris, il est un antre obscur où vont s'isoler les amours pour nous séduire avec plus d'énergie ; tel sera l'autel où je brûlerai l'encens : là, pas le moindre inconvénient, Thérèse ; si les grossesses vous

effraient,

effraient, elles ne sauroient avoir lieu de cette
manière ; votre jolie taille ne se déformera
jamais ; ces prémices qui vous sont si douces ,
seront conservées sans atteinte ; et quelque soit
l'usage que vous en vouliez faire ; vous pourrez
les offrir pures. Rien ne peut trahir une fille de
ce côté, quelques rudes ou multipliées que soient
les attaques : dès que l'abeille en a pompé le
suc , le calice de la rose se referme ; on n'ima-
gineroit pas qu'il ait jamais pu s'entr'ouvrir. Il
existe des filles qui ont joui dix ans de cette
façon , et même avec plusieurs hommes , et qui
ne s'en sont pas moins mariées comme toutes
neuves après. Que de pères , que de frères ont
ainsi abusé de leurs filles ou de leurs sœurs ,
sans que celles-ci en soient devenues moins di-
gnes de sacrifier ensuite à l'hymen ! A combien
de confesseurs cette même route n'a-t-elle pas
servi pour se satisfaire , sans que les parens s'en
doutassent ! c'est en un mot l'asyle du mystère ;
c'est-là qu'il s'enchaîne aux amours par les liens
de la sagesse.... Faut-il vous dire plus , Thérèse ?
si ce temple est le plus secret , c'est en même
temps le plus voluptueux ; on ne trouve que là
ce qu'il faut au bonheur , et cette vaste aisance

du voisin est bien éloignée de valoir les attraits
piquans d'un local où l'on n'atteint qu'a-
vec effort, où l'on n'est qu'avec peine; les
femmes même y gagnent; et celles que la raison
contraignit à connoître ces sortes de plaisirs, ne
regrettèrent jamais les autres. Essayez, Thérèse,
essayez, et nous serons tous deux contens.—
O, monsieur! répondis-je, je n'ai nulle expérience de ce dont il s'agit; mais cet égarement
que vous préconisez, je l'ai oui-dire, monsieur, il outrage les femmes d'une manière plus
sensible encore.... Il offense plus grièvement
là nature. La main du ciel le venge en ce monde,
et Sodóme en offrit l'exemple.— Quelle innocence, ma chère! quel enfantillage, reprit ce libertin. Qui vous instruit de la sorte!
Encore un peu d'attention, Thérèse, et je vais
rectifier vos idées.

La perte de la semence destinée à propager
l'espèce humaine, chère fille, est le seul crime
qui puisse exister. Dans ce cas, si cette semence est mise en nous aux seules fins de la
propagation, je vous l'accorde, l'en détourner
est une offense. Mais s'il est démontré qu'en
plaçant cette semence dans nos reins, il s'en

faille de beaucoup que la nature ait eu pour
but de l'employer toute à la propagation, qu'importe, en ce cas, Thérèse, qu'elle se perde
dans un lieu ou dans un autre? L'homme qui
la détourne alors ne fait pas plus de mal que
la nature qui ne l'emploie point. Or, ces pertes
de la nature qu'il ne tient qu'à nous d'imiter,
n'ont-elles pas lieu dans tout plein de cas? La
possibilité de les faire d'abord est une première
preuve qu'elles ne l'offense point. Il seroit contre
toutes les lois de l'équité et de la profonde sagesse, que nous lui reconnoissons dans tout,
de permettre ce qui l'offenseroit; secondement,
ces pertes sont cent et cent millions de fois par
jour exécutées par elle-même ; les pollutions
nocturnes, l'inutilité de la semence dans le tems
des grossesses de la femme, ne sont-elles pas des
pertes autorisées par ses lois, et qui nous
prouvent que, fort peu sensible à ce qui peut
résulter de cette liqueur où nous avons la folie
d'attacher tant de prix, elle nous en permet la
perte avec la même indifférence qu'elle y procède
chaque jour? Qu'elle tolère la propagation ;
mais qu'il s'en faut bien que la propagation soit
dans ses vues : qu'elle veut bien que nous nous

multiplions ; mais que ne gagnant pas plus à
l'un de ces actes qu'à celui qui s'y oppose, le
choix que nous pouvons faire lui est égal : que
nous laissant les maîtres de créer, de ne point
créer ou de détruire, nous ne la contenterons ni
ne l'offenserons pas davantage, en prenant dans
l'un ou l'autre de ces partis, celui qui nous
conviendra le mieux ; et que celui que nous
choisirons n'étant que le résultat de sa puissance
et de son action sur nous, il lui plaira toujours
bien plus sûrement, qu'il ne courra risque de
l'offenser. Ah ! croyez-le, Thérèse, la nature
s'inquiète bien peu de ses mystères dont nous
avons l'extravagance de lui composer un culte.
Quel que soit le temple où l'on sacrifie, dès
qu'elle permet que l'encens s'y brûle, c'est que
l'hommage ne l'offense pas. Les refus de pro-
duire, les pertes de la semence qui sert à la
production, l'extinction de cette semence quand
elle a germée, l'anéantissement de ce germe
long-tems même après la formation, tout cela,
Thérèse, sont des crimes imaginaires qui n'in-
téressent en rien la nature, et dont elle se joue
comme de toutes nos autres institutions, qui
l'outragent souvent au lieu de la servir.

Cœur-de-Fer s'échauffoit en exposant ses
perfides maximes, et je le vis bientôt dans l'état
où il m'avoit si fort effrayée la veille. Il voulut,
pour donner plus d'empire à la leçon, joindre
aussitôt la pratique au précepte; et ses mains,
malgré mes résistances, s'égaroient vers l'autel
où le traître vouloit pénétrer.... Faut-il vous
l'avouer, madame? aveuglée par les séductions
de ce vilain homme; contente, en cédant un
peu, de sauver ce qui sembloit le plus essentiel;
ne réfléchissant ni aux inconséquences de ses
sophismes, ni à ce que j'allois risquer moi-
même, puisque ce malhonnête homme, possédant des proportions gigantesques, n'étoit pas
même en possibilité de voir une femme au lieu
le plus permis, et conduit par sa méchanceté
naturelle, il n'avoit assurément point d'autre
but que de m'estropier; les yeux fascinés sur
tout cela, dis-je, j'allois m'abandonner, et par
vertu, devenir criminelle. Mes résistances foi-
blissoient; déjà maître du trône, cet insolent
vainqueur ne s'occupoit plus que de s'y fixer,
lorsqu'un bruit de voiture se fit entendre sur le
grand chemin, Cœur-de-Fer quitte à l'instant
ses plaisirs pour ses devoirs; il rassemble ses

gens, et vole à de nouveaux crimes. Peu après nous entendons des cris : et ces scélérats ensanglantés reviennent triomphans et chargés de dépouilles. Décampons lestement, dit Cœur-de-Fer ; nous avons tué trois hommes ; les cadavres sont sur la route ; il n'y a plus de sûreté pour nous. Le butin se partage : Cœur-de-Fer veut que j'aie ma portion ; elle se montoit à vingt louis ; on me force de les prendre ; je frémis de l'obligation de garder un tel argent ; cependant on nous presse ; chacun se charge, et nous partons.

Le lendemain nous nous trouvâmes en sûreté dans la forêt de Chantilly. Nos gens, pendant leur souper, comptèrent ce que leur avoit valu leur dernière opération ; et n'évaluant pas à deux cents louis la totalité de la prise : — En vérité, dit l'un d'eux, ce n'étoit pas la peine de commettre trois meurtres pour une si petite somme.

— Doucement, mes amis, répondit la Dubois ; ce n'est pas pour la somme que je vous ai moi-même exhortés à ne faire aucune grace à ces voyageurs ; c'est pour notre unique sûreté : ces crimes sont la faute des lois, et non pas la nôtre ;

tant que l'on fera perdre la vie aux voleurs
comme aux meurtriers, les vols ne se commet-
tront jamais sans assassinats. Les deux délits se
punissant également, pourquoi se refuser au
second, dès qu'il peut couvrir le premier? Où
prenez-vous d'ailleurs, continua cette horrible
créature, que deux cents louis ne valent pas trois
meurtres? Il ne faut jamais calculer les choses
que par la relation qu'elles ont avec nos intérêts.
La cessation de l'existence de chacun des êtres
sacrifiés, est nulle par rapport à nous. Assurément nous ne donnerions pas une obole pour
que ces individus-là fussent ou en vie, ou dans
le tombeau; conséquemment, si le plus petit
intérêt s'offre à nous avec l'un de ces cas, nous
devons, sans aucun remords, le terminer de
préférence en notre faveur; car, dans une chose
totalement indifférente, nous devons, si nous
sommes sages et maîtres de la chose, la faire
indubitablement tourner du côté où elle nous
est profitable, abstraction faite de tout ce que
peut y perdre l'adversaire, parce qu'il n'y a
aucune proportion raisonnable entre ce qui
nous touche et ce qui touche les autres. Nous
sentons l'un physiquement; l'autre n'arrive que

moralement à nous, et les sensations morales sont trompeuses ; il n'y a de vrai que les sensations physiques : ainsi, non-seulement deux cents louis suffisent pour les trois meurtres, mais trente sous même eussent suffi ; car ces trente sous eussent procuré une satisfaction qui, bien que légère, doit néanmoins nous affecter beaucoup plus vivement que n'eussent fait les trois meurtres, qui ne sont rien pour nous, et de la lézion desquels il n'arrive pas à nous seulement une égratignure ; la foiblesse de nos organes, le défaut de réflexion, les maudits préjugés dans lesquels on nous a élevés ; les vaines terreurs de la religion ou des lois, voilà ce qui arrête les sots dans la carrière du crime ; voilà ce qui les empêche d'aller au grand. Mais tout individu rempli de force et de vigueur, doué d'une ame énergiquement organisée, qui, se préférant, comme il le doit, aux autres, saura peser leurs intérêts dans la balance des siens, se moquer de Dieu et des hommes, braver la mort et mépriser les lois, bien pénétré que c'est à lui seul qu'il doit tout rapporter, sentira que la multitude la plus étendue des lézions sur autrui, dont il ne doit physiquement rien ressentir,

ne peut pas se mettre en compensation avec la
plus légère des jouissances achetée par cet assem-
blage inouï de forfaits. La jouissance le flatte;
elle est en lui : l'effet du crime ne l'affecte pas;
il est hors de lui : or, je demande quel est
l'homme raisonnable qui ne préférera pas ce qui
le délecte à ce qui lui est étranger, et qui ne
consentira pas à commettre cette chose étran-
gère dont il ne ressent rien de fâcheux, pour se
procurer celle dont il est agréablement ému? »

O madame! dis-je à la Dubois en lui deman-
dant la permission de répondre à ses exécrables
sophismes, ne sentez-vous donc point que votre
condamnation est écrite dans ce qui vient de
vous échapper? ce ne seroit tout au plus qu'à
l'être assez puissant pour n'avoir rien à redouter
des autres, que de tels principes pourroient
convenir. Mais nous, madame, perpétuellement
dans la crainte et l'humiliation; nous, proscrits
de tous les honnêtes gens, condamnés par
toutes les lois, devons-nous admettre des systêmes qui ne peuvent qu'aiguiser contre nous
le glaive suspendu sur nos têtes? Ne nous trou-
vassions-nous même pas dans cette triste position, fussions-nous au centre de la société;...

fussions-nous où nous devrions être enfin, sans
notre inconduite ou sans nos malheurs; imaginez-vous que de telles maximes pussent nous
convenir davantage? comment voulez-vous que
ne périsse pas celui qui, par un aveugle égoïsme, voudra luter seul contre les intérêts réunis
des autres? La société n'est-elle pas autorisée à
ne jamais souffrir dans son sein celui qui se dé-
clare contre elle? Et l'individu qui s'isole,
peut-il luter contre tous? Peut-il se flatter
d'être heureux et tranquille, si, n'acceptant pas
le pacte social, il ne consent à céder un peu de
son bonheur pour en assurer le reste? La société
ne se soutient que par des échanges perpétuels
de bienfaits; voilà les liens qui la cimentent.
Tel qui, au lieu de ces bienfaits, n'offrira que
des crimes, devant être craint dès-lors, sera nécessairement attaqué s'il est le plus fort, sacrifié
par le premier qu'il offensera, s'il est le plus
foible; mais détruit de toute manière par la
raison puissante qui engage l'homme à assurer
son repos et à nuire à ceux qui veulent le trou-
bler: telle est la raison qui rend presqu'impossible la durée des associations criminelles;
n'opposant que des pointes acérées aux intérêts

des autres, tous doivent se réunir promptement pour en émousser l'aiguillon. Même entre nous, madame, osé-je ajouter, comment vous flatterez-vous de maintenir la concorde, lorsque vous conseillerez à chacun de n'écouter que ses seuls intérêts? Aurez-vous, de ce moment, quelque chose de juste à objecter à celui de nous qui voudra poignarder les autres, qui le fera, pour réunir à lui seul la part de ses confrères? Eh! quel plus bel éloge de la vertu que la preuve de sa nécessité, même dans une société criminelle.... que la certitude que cette société ne se soutiendroit pas un moment sans la vertu! — C'est ce que vous nous opposez, Thérèse, qui sont des sophismes, dit Cœur-de-Fer, et non ce qu'avoit avancé la Dubois; ce n'est point la vertu qui soutient nos associations criminelles; c'est l'intérêt, c'est l'égoïsme; il porte donc à faux cet éloge de la vertu que vous avez tiré d'une chimérique hypothèse. Ce n'est nullement par vertu que, me croyant, je le suppose, le plus fort de la troupe, je ne poignarde pas mes camarades pour avoir leur part; c'est parce que, me trouvant seul alors, je me priverois des moyens qui peuvent assurer la

fortune que j'attends de leurs secours : ce motif
est l'unique qui retienne également leurs bras
vis-à-vis de moi. Or, ce motif, vous le voyez,
Thérèse, il n'est qu'égoïsme : il n'a pas la plus
légère apparence de vertu. Celui qui veut lutter
seul contre les intérêts de la société, doit,
dites-vous, s'attendre à périr. Ne périra-t-il pas
bien plus certainement, s'il n'a, pour y exister,
que sa misère et l'abandon des autres ? Ce qu'on
appelle l'intérêt de la société n'est que la masse
des intérêts particuliers réunis ; mais ce n'est
jamais qu'en cédant, que cet intérêt particulier
peut s'accorder et se lier aux intérêts généraux ;
or, que voulez-vous que céde celui qui n'a rien ?
S'il le fait, vous m'avouerez qu'il a d'autant
plus de tort, qu'il se trouve donner alors infiniment plus qu'il ne retire ; et dans ce cas,
l'inégalité du marché doit l'empêcher de le
conduire. Pris dans cette position, ce qu'il
reste de mieux à faire à un tel homme, n'est-il
pas de se soustraire à cette société injuste, pour
n'accorder des droits qu'à une société différente,
qui, placée dans la même position que lui, ait
pour intérêt de combattre, par la réunion de ses
petits pouvoirs, la puissance plus étendue qui
　　　　　　　　　　　　　　　　　vouloit

vouloit obliger le malheureux à céder le peu qu'il avoit pour ne rien retirer des autres? Mais il naîtra, direz-vous, de-là un état de guerre perpétuel. Soit, n'est-ce pas celui de la nature? N'est-ce pas le seul qui nous convienne réellement? Les hommes naquirent tous isolés, envieux, cruels et despotes; voulant tout avoir et ne rien céder, et se battant sans cesse pour maintenir ou leur ambition, ou leurs droits; le législateur vint, et dit: cessez de vous battre ainsi; en cédant un peu de part et d'autre, la tranquillité va renaître. Je ne blâme point la proposition de ce pacte; mais je soutiens que deux espèces d'individus ne durent jamais s'y soumettre; ceux qui, se sentant les plus forts, n'avoient pas besoin de rien céder pour être heureux, et ceux qui, étant les plus foibles, se trouvoient céder infiniment plus qu'on ne leur assuroit. Cependant la société n'est composée que d'êtres foibles et d'êtres forts; or, si le pacte dût déplaire aux forts et aux foibles, il s'en falloit donc de beaucoup qu'il ne convînt à la société; et l'état de guerre qui existoit avant, devoit se trouver infiniment préférable, puisqu'il laissoit à chacun le libre exercice de ses forces et de son industrie,

dont il se trouvoit privé par le pacte injuste
d'une société, enlevant toujours trop à l'un,
et n'accordant jamais assez à l'autre. Donc l'être
vraîment sage est celui qui, au hasard de re-
prendre l'état de guerre qui régnoit avant le
pacte, se déchaîne irrévocablement contre ce
pacte, le viole autant qu'il le peut, certain que
ce qu'il retirera de ses lézions sera toujours
supérieur à ce qu'il pourra perdre, s'il se trouve
le plus foible, car il l'étoit de même en respec-
tant le pacte; il peut devenir le plus fort en le
violant; et si les lois le ramènent à la classe dont
il a voulu sortir, le pis-aller est qu'il perde la
vie; ce qui est un malheur infiniment moins
grand que celui d'exister dans l'opprobre et dans
la misère. Voilà donc deux positions pour nous;
ou le crime qui nous rend heureux, ou l'échafaud
qui nous empêche d'être malheureux. Je le
demande, y a-t-il à balancer, belle Thérèse, et
votre esprit trouvera-t-il un raisonnement qui
puisse combattre celui-là?

—O monsieur! répondis-je avec cette véhé-
mence que donne la bonne cause, il y en a
mille; mais cette vie d'ailleurs doit-elle donc
être l'unique objet de l'homme? Y est-il autre-

ment que comme dans un passage dont chaque
dégré qu'il parcourt ne doit, s'il est raisonnable,
le conduire qu'à cette éternelle félicité, prix
assuré de la vertu? Je suppose avec vous (ce qui
pourtant est rare, ce qui pourtant choque toutes
les lumières de la raison;) mais n'importe, je
vous accorde un instant que le crime puisse
rendre heureux ici-bas le scélérat qui s'y abandonne : vous imaginez-vous que la justice de
Dieu n'attende pas ce malhonnête homme dans
un autre monde pour venger celui-ci ?... Ah !
ne croyez pas le contraire, monsieur, ne le
croyez pas, ajoutai-je avec des larmes; c'est la
seule consolation de l'infortuné, ne nous l'en-
levez pas; dès que les hommes nous délaissent,
qui nous vengera, si ce n'est Dieu ?

—Qui ? personne, Thérèse, personne absolument; il n'est nullement nécessaire que l'infortune soit vengée; elle s'en flatte, parce qu'elle
le voudroit; cette idée la console, mais elle n'en
est pas moins fausse : il y a mieux, il est essentiel que l'infortune souffre; son humiliation, ses
douleurs sont au nombre des lois de la nature,
et son existence utile au plan général comme
celle de la prospérité qui l'écrase : telle est la

vérité qui doit étouffer le remords dans l'ame
du tyran ou du malfaiteur ; qu'il ne se contraigne
pas ; qu'il se livre aveuglément à toutes les
lézions dont l'idée naît en lui ; c'est la seule voix
de la nature qui lui suggère cette idée ; c'est la
seule façon dont elle nous fait l'agent de ses
lois. Quand ces inspirations secrètes nous dis-
posent au mal, c'est que le mal lui est nécessaire ; c'est qu'elle le veut ; c'est qu'elle l'exige ;
c'est que la somme des crimes n'étant pas complète, pas suffisante aux lois de l'équilibre,
seules lois dont elle soit régie, elle exige ceux-
là de plus au complément de la balance. Qu'il
ne s'effraie donc, ni ne s'arrête, celui dont
l'ame est portée au mal ; qu'il le commette sans
crainte, dès qu'il en a senti l'impulsion ; ce
n'est qu'en y résistant qu'il outrageroit la nature.
Mais laissons la morale un instant, puisque
vous voulez de la théologie. Apprenez donc,
jeune innocente, que la religion sur laquelle
vous vous rejetez ; n'étant que le rapport de
l'homme à Dieu, que le culte que la créature
crut devoir rendre à son créateur, s'anéantit
aussitôt que l'existence de ce créateur est elle-
même prouvée chimérique.

Les premiers hommes, effrayés des phéno-
mènes qui les frappèrent, durent croire nécessairement qu'un être sublime et inconnu d'eux
en avoit dirigé la marche et l'influence : le
propre de la foiblesse est de supposer ou de
craindre la force. L'esprit de l'homme, encore
trop dans l'enfance pour rechercher, pour
trouver dans le sein de la nature des lois du
mouvement, seul ressort de tout le mécanisme
dont il s'étonnoit, crut plus simple de supposer
un moteur à cette nature, que de la voir motrice
elle-même ; et sans réfléchir qu'il auroit encore
plus de peine à édifier, à définir ce maître
gigantesque, qu'à trouver dans l'école de la
nature la cause de ce qui le surprenoit, il admit
ce souverain être ; il lui érigea des cultes : de
ce moment, chaque nation s'en composa d'ana-
logues à ses mœurs, à ses connoissances et à
son climat ; il y eut bientôt sur la terre autant
de religions que de peuples, bientôt autant de
Dieux que de familles : sous toutes ces idoles,
néanmoins, il étoit facile de reconnoître ce
fantôme absurde, premier fruit de l'aveuglement
humain. On l'habilloit différemment ; mais
c'étoit toujours la même chose. Or, dites-le,

Thérèse, de ce que des imbéciles déraisonnent sur l'érection d'une indigne chimère et sur la façon de la servir, faut-il qu'il s'ensuive que l'homme sage doive renoncer au bonheur certain et présent de sa vie ? Doit-il, comme le chien d'Ésope, quitter l'os pour l'ombre, et renoncer à des jouissances réelles pour des illusions ? Non, Thérèse, non ; il n'est point de Dieu ; la nature se suffit à elle-même ; elle n'a nullement besoin d'un auteur : cet auteur supposé n'est qu'une décomposition de ses propres forces, n'est que ce que nous appelons, dans l'école, une répétition de principes. Un Dieu suppose une création, c'est-à-dire, un instant où il n'y eut rien, ou bien un instant où tout fut dans le cahos. Si l'un ou l'autre de ces états étoit un mal, pourquoi votre Dieu le laissoit-il subsister ? Étoit-il un bien, pourquoi le change-t-il ? Mais si tout est bien maintenant, votre Dieu n'a plus rien à faire : or, s'il est inutile, peut-il être puissant ? et s'il n'est pas puissant, peut-il être Dieu ? Si la nature se meut elle-même enfin, à quoi sert le moteur ? Et si le moteur agit sur la matière en la mouvant, comment n'est-il pas matière lui-même ? Pouvez-vous concevoir l'effet de l'esprit sur la matière, et la matière recevant le mouvement de l'esprit qui lui-même n'a point de mouvement ? Examinez un instant, de sang-froid ; toutes les qualités ridicules et contradictoires dont les fabricateurs de cette exécrable chimère sont obligés de la revêtir ; vérifiez comme elles se détruisent, comme elles s'absorbent mutuellement, et vous reconnoîtrez que ce fantôme déïfique, né de la crainte des uns et de l'ignorance de tous, n'est qu'une platitude révoltante qui ne mérite de nous ni un instant de foi, ni une minute d'examen ; une extravagance pitoyable qui répugne à l'esprit, qui révolte le cœur, et qui n'a dû sortir des ténèbres que pour y rentrer à jamais.

Que l'espoir ou la crainte d'un monde à venir, fruit de ces premiers mensonges, ne vous inquiète donc point, Thérèse ; cessez sur-tout de vouloir nous en composer des freints. Foibles portions d'une matière vile et brute, à notre mort, c'est-à-dire, à la réunion des élémens qui nous composent aux élémens de la masse générale ; anéantis pour jamais, quelle qu'ait été notre conduite, nous passerons un instant dans le creuset de la nature pour en réjaillir sous d'autres formes, et cela sans qu'il y ait plus de prérogatives pour celui qui follement encensera là vertu, que pour celui qui se livre aux plus honteux excès, parce qu'il n'est rien dont la nature s'offense, et que tous les hommes, également sortis de son sein, n'ayant agi, pendant leur vie, que d'après ses impulsions, y retrouveront tous après leur existence, et la même fin et le même sort.

J'allois répondre encore à ses épouvantables blasphêmes, lorsque le bruit d'un homme à cheval se fit entendre auprès de nous. Aux armes! s'écria Cœur-de-Fer, plus envieux de mettre en action ses systémes que d'en consolider les bases. On vole... et au bout d'un instant on amène un infortuné voyageur dans le tailli où se trouvoit notre camp.

Interrogé sur le motif qui le faisoit voyager seul, et si matin dans une route écartée, sur son âge, sur sa profession; le cavalier répondit qu'il se nommoit Saint-Florent, un des premiers négocians de Lyon; qu'il avoit trente-six ans; qu'il revenoit de Flandres pour des affaires relatives à son commerce; qu'il avoit peu d'argent sur lui, mais beaucoup de papiers. Il ajouta que son valet l'avoit quitté la veille, et que, pour éviter la chaleur, il marchoit la nuit avec le dessein d'arriver le même jour à Paris, où il reprendroit un nouveau domestique, et concluroit une partie de ses affaires; qu'au surplus, s'il suivoit un sentier solitaire, il falloit apparemment qu'il se fût égaré en s'endormant sur son cheval. Et cela dit, il demande la vie, offrant lui-même tout ce qu'il possédoit. On examine son porte-feuille; on compte son argent; la prise ne pouvoit être meilleure. Saint-Florent avoit près d'un demi-million payable à vue sur la capitale, quelques bijoux et environ cent louis... Ami, lui dit Cœur-de-Fer, en lui présentant le bout d'un pistolet sous le nez, vous comprenez qu'après un tel vol nous ne pouvons pas vous laisser la vie. — O monsieur! m'écriais-je en me jetant aux pieds de ce scélérat, je vous en conjure, ne me donnez pas, à ma réception dans votre troupe, l'horrible, spectacle de la mort de ce malheureux; laissez-lui la vie; ne me refusez point la première grace que je vous demande. Et recourant tout de suite à une ruse assez singulière, afin de légitimer l'intérêt que je paroissois prendre à cet homme : le nom que vient de se donner monsieur, ajoutai-je avec chaleur, me fait croire que je lui appartiens d'assez près. Ne vous étonnez pas, monsieur, poursuivis-je en m'adressant au voyageur ; ne soyez point surpris de trouver une parente dans cette situation ; je vous expliquerai tout cela. A ces titres, repris-je en implorant de nouveau notre chef, à ces titres, monsieur, accordez-moi la vie de ce misérable ; je reconnoîtrai cette faveur par le dévouement le plus entier à tout ce qui pourra servir vos intérets. —Vous savez à quelles conditions je puis vous accorder la grace que vous me demandez, Thérèse, me répondit Cœur-de-Fer ; vous savez ce que j'exige de vous... —Eh bien, monsieur, je ferai tout, m'écriai-je en me précipitant entre ce malheureux et notre chef toujours prêt à l'égorger......'. Oui, je ferai tout, monsieur : je ferai tout, sauvez-le. — Qu'il vive, dit Cœur-de-Fer ; mais qu'il prenne parti parmi nous ; cette dernière clause est indispensable ; je ne puis rien sans elle ; mes camarades s'y opposeroient.

Le négociant surpris, n'entendant rien à cette parenté que j'établissois, mais se voyant la vie

sauvée s'il acquiesçoit aux propositions, ne
crut pas devoir balancer un moment. On le
fait rafraichir ; et comme nos gens ne vouloient
quitter cet endroit qu'au jour, Thérèse, me
dit Cœur-de-Fer, je vous somme de votre promesse ; mais comme je suis excédé ce soir, re-
posez tranquille près de la Dubois ; je vous
appellerai vers le point du jour, et la vie de
ce faquin, si vous balancez, me vengera de
votre fourberie.— Dormez, monsieur, dormez, répondis-je, et croyez que celle que vous
avez remplie de reconnoissance, n'a d'autres
desirs que de s'acquitter. Il s'en falloit pourtant
bien que ce fut là mon projet ; mais si jamais
je crus la feinte permise, c'étoit bien en cette
occasion. Nos frippons, remplis d'une trop
grande confiance, boivent encore et s'endor-
ment, me laissant en pleine liberté près de la
Dubois qui, ivre comme le reste, ferma bientôt également les yeux.

Saisissant alors avec vivacité le premier moment du sommeil des scélérats qui nous entou-
rent : Monsieur, dis-je au jeune Lyonnais, la
plus affreuse catastrophe m'a jetée malgré moi
parmi ces voleurs ; je déteste et eux et l'instant

fatal qui m'a conduite dans leur troupe ; je n'ai vraisemblablement pas l'honneur de vous appartenir ; je me suis servie de cette ruse pour vous sauver et m'échapper, si vous le trouvez bon, avec vous, des mains de ces misérables : le moment est propice, ajoutai-je ; sauvons-nous. J'apperçois votre porte-feuille ; reprenons-le ; renonçons à l'argent comptant, il est dans leurs poches ; nous ne l'enleverions pas sans danger. Partons, monsieur, partons ; vous voyez ce que je fais pour vous ; je me remets en vos mains ; prenez pitié de mon sort : ne soyez pas sur-tout plus cruel que ces gens-ci ; daignez respecter mon honneur, je vous le confie ; c'est mon unique trésor : laissez-le-moi ; ils ne me l'ont point ravi.

On rendroit mal la prétendue reconnoissance de Saint-Florent. Il ne savoit quels termes employer pour me la peindre ; mais nous n'avions pas le tems de parler ; il s'agissoit de fuir. J'enlève adroitement le porte-feuille ; je le lui rends ; et franchissant lestement le taillis, laissant le cheval, de peur que le bruit qu'il eût fait n'eût réveillé nos gens, nous gagnons, en toute diligence, le sentier qui devoit nous sortir de la

forêt.

forêt. Nous fûmes assez heureux pour en être dehors au point du jour, et sans avoir été suivis de personne ; nous entrâmes avant dix heures du matin dans Luzarches ; et là , hors de toute crainte, nous ne pensâmes plus qu'à nous reposer.

Il y a des momens dans la vie où l'on se trouve fort riche , sans avoir pourtant de quoi vivre ; c'étoit l'histoire de Saint-Florent. Il avoit cinq cents mille francs dans son porte-feuille et pas un écu dans sa bourse ; cette réflexion l'arrêta avant d'entrer dans l'auberge.— Tranquillisez-vous , monsieur, dis-je en voyant son embarras : les voleurs que je quitte ne m'ont pas laissé sans argent ; voilà vingt louis ; prenez-les , je vous en conjure ; usez-en , donnez le reste aux pauvres ; je ne voudrois pour rien au monde garder de l'or acquis par des meurtres.

Saint-Florent, qui jouoit la délicatesse , mais qui étoit bien loin de celle que je devois lui supposer , ne voulut pas absolument prendre ce que je lui offrois ; il me demanda quels étoient mes desseins ; me dit qu'il se feroit une loi de les remplir , et qu'il ne desiroit que de pouvoir s'acquitter envers.— C'est de vous que je tiens la fortune et la vie , Thérèse

t-il en me baisant les mains, puis-je mieux
faire que de vous offrir l'un et l'autre? Acceptez-
les, je vous en conjure, et permettez au Dieu
de l'hymen de resserrer les nœuds de l'amitié.

Je ne sais, mais soit pressentiment, soit
froideur, j'étois si loin de croire que ce que
j'avois fait pour ce jeune homme pût m'attirer de tels sentimens de sa part, que je lui lais-
sai lire sur ma physionomie le refus que je
n'osois exprimer; il le comprit, n'insista plus
et s'en tint à me demander seulement ce qu'il
pouvoit faire pour moi?— Monsieur, lui dis-
je, si reellement mon procédé n'est pas sans
mérite à vos yeux, je ne vous demande pour
toute récompense que de me conduire avec vous à
Lyon, et de m'y placer dans quelque maison
honnête où ma pudeur n'ait plus à souffrir.—
Vous ne sauriez mieux faire, me dit Saint-Florent, et personne n'est plus en état que moi
de vous rendre ce service : j'ai vingt parens
dans cette ville, et le jeune négociant me pria
de lui raconter alors les raisons qui m'enga-
geoient à m'éloigner de Paris, où je lui avois
dit que j'étois née. Je le fis avec autant de
confiance que d'ingénuité.—Oh! si ce n'est que

cela, dit le jeune homme, je pourrai vous être
utile avant d'être à Lyon : ne craignez rien,
Thérèse, votre affaire est assoupie ; on ne vous
recherchera point, et moins qu'ailleurs assurément dans l'asyle où je veux vous placer. J'ai
une parente auprès de Bondi ; elle habite une
campagne charmante dans ces environs ; elle
se fera, j'en suis sûr, un plaisir de vous avoir
près d'elle, je vous y présente demain. Remplie
de reconnoissance à mon tour, j'accepte un
projet qui me convient autant : nous nous
reposons le reste du jour à Luzarches, et le
lendemain nous nous proposâmes de gagner
Bondi, qui n'est qu'à six lieues de-là. Il fait
beau, me dit Saint-Florent ; si vous me croyez,
Thérèse, nous nous rendrons à pied au château
de ma parente ; nous y raconterons notre aventure ; et cette manière d'arriver jetera, ce me
semble, encore plus d'intérêt sur vous. Bien
éloignée de soupçonner les desseins de ce monstre, et d'imaginer qu'il devoit y avoir pour
moi moins de sûreté avec lui, que dans l'infâme compagnie que je quittois, j'accepte tout
sans crainte, comme sans répugnance : nous
dînons, nous soupons ensemble ; il ne s'oppose

nullement à ce que je prenne une chambre
séparée de la sienne pour la nuit ; et après avoir
laissé passer le grand chaud, sûr, à ce qu'il me
dit, que quatre ou cinq heures suffisent à nous
rendre chez sa parente, nous quittons Luzarches, et nous nous acheminons à pied vers Bondi.

Il étoit environ cinq heures du soir lorsque
nous entrâmes dans la forêt. Saint-Florent ne
s'étoit pas encore un instant démenti : toujours
même honnêteté, toujours même desir de me
prouver ses sentimens, eussé-je été avec mon
père, je ne me serois pas cru plus en sûreté.
Les ombres de la nuit commençoient à répandre
dans la forêt cette sorte d'horreur religieuse qui
fait naître à-la-fois la crainte dans les ames
timides, le projet du crime dans les cœurs
féroces. Nous ne suivions que des sentiers ; je
marchois la première ; je me retourne pour
demander à Saint-Florent si ces routes écartées
sont réellement celles qu'il faut suivre ; si par
hasard il ne s'égare point ; s'il croit enfin que
nous devions arriver bientôt ? —Nous y sommes,
putain, me répondit ce scélérat en me renversant
à terre d'un coup de canne sur la tête, qui me
fit tomber sans connoissance....

O madame! je ne sais plus ni ce que dit ni
ce que fit cet homme; mais l'état dans lequel
je me trouvai, ne me laissa que trop connoître
à quel point j'avois été sa victime. Il étoit entièrement nuit quand je repris mes sens; j'étois
au pied d'un arbre; hors de toutes les routes;
froissée, ensanglantée.... déshonorée, madame!
Telle avoit été la récompense de tout ce que je
venois de faire pour ce malheureux; et portant
l'infamie au dernier période, ce scélérat, après
avoir fait de moi ce qu'il avoit voulu, après en
avoir abusé de toutes manières, de celle même
qui outrage le plus la nature, avoit pris ma
bourse... ce même argent que je lui avois si
généreusement offert. Il avoit déchiré mes vête-
mens, la plupart étoient en morceaux près de
moi; j'étois presque nue, et meurtrie en plusieurs endroits de mon corps. Vous jugez de ma
situation; au milieu des ténèbres, sans ressources,
sans honneur, sans espoir, exposée à tous les
dangers, je voulus terminer mes jours. Si une
arme se fût offerte à moi, je la saisissois, j'en
abrégeois cette malheureuse vie qui ne me pré-
sentoit que des fléaux... Le monstre! que lui
ai-je donc fait, me disois-je, pour avoir mérité

de sa part un aussi cruel traitement ? Je lui sauve la vie, je lui rends sa fortune; il m'arrache ce que j'ai de plus cher ! Une bête féroce eût été moins cruelle ! O homme ! te voilà donc quand tu n'écoutes que tes passions ! Des tigres, au fond des plus sauvages déserts, auroient horreur de tes forfaits..... Quelques minutes d'abattement succédèrent à ces premiers élans de ma douleur; mes yeux remplis de larmes se tournèrent machinalement vers le ciel : mon cœur s'élance aux pieds du maître qui l'habite.... cette voûte pure et brillante,... ce silence imposant de la nuit... cette frayeur qui glaçoit mes sens... cette image de la nature en paix, près du bouleversement mon ame égarée, tout répand une ténébreuse horreur en moi, d'où naît bientôt le besoin de prier. Je me précipite aux genoux de ce Dieu puissant, nié par les impies, espoir du pauvre et de l'affligé.

« Être saint et majestueux, m'écriai-je en pleurs; toi qui daignes en ce moment affreux, remplir mon ame d'une joie céleste, qui m'as, sans doute, empêché d'attenter à mes jours, ô mon protecteur et mon guide ! j'aspire à tes bontés, j'implore ta clémence; vois ma misère

et mes tourmens, ma résignation et mes vœux.
Dieu puissant! tu le sais, je suis innocente et
foible; je suis trahie et maltraitée : j'ai voulu
faire le bien à ton exemple, et ta volonté m'en
punit : qu'elle s'accomplisse, ô mon Dieu! tous
ses effets sacrés me sont chers; je les respecte
et cesse de m'en plaindre : mais si je ne dois
pourtant trouver ici-bas que des ronces, est-ce
t'offenser, ô mon souverain maître! que de
supplier ta puissance de me rappeler vers toi,
pour te prier sans trouble, pour t'adorer loin de
ces hommes pervers qui ne m'ont fait, hélas!
rencontrer que des maux, et dont les mains
sanguinaires et perfides noient à plaisir mes
tristes jours dans le torrent des larmes et dans
l'abîme des douleurs ? »

La prière est la plus douce consolation du
malheureux; il devient plus fort quand il a
rempli ce devoir. Je me lève pleine de courage;
je ramasse les haillons que le scélérat m'a laissés,
et je m'enfonce dans un taillis pour y passer la
nuit avec moins de risque. La sûreté où je me
croyois, la satisfaction que je venois de goûter
en me rapprochant de mon Dieu, tout contribua
à me faire reposer quelques heures! et le soleil

étoit déjà haut , quand mes yeux se r'ouvrirent :
l'instant du réveil est affreux pour les infortunés;
l'imagination rafraîchie des douceurs du sommeil , se remplit bien plus vîte, et plus lugu-
brement des maux dont ces instans d'un repos
trompeur lui ont fait perdre le souvenir.

Eh bien , me dis-je alors en m'examinant ,
il est donc vrai qu'il y a des créatures humaines
que la nature ravale au même sort que celui des
bêtes féroces ! Cachées dans leur réduit, fuyant
les hommes à leur exemple., quelle différence y
a-t-il maintenant entre elles et moi ? Est-ce donc
la peine de naître pour un sort aussi pitoyable ?
Et mes larmes coulèrent avec abondance en faisant ces tristes réflexions. Je les finissois à peine ,
lorsque j'entendis du bruit autour de moi :
peu-à-peu je distingue deux hommes. Je prête
l'oreille : — Viens , cher ami , dit l'un d'eux ,
nous serons à merveille ici ; la cruelle et fatale
présence d'une mère que j'abhorre ne m'em-
pêchera pas un moment de goûter avec toi les
plaisirs qui me sont si doux. Ils s'approchent ;
ils se placent tellement en face de moi, qu'aucun
de leurs propos , aucun de leurs mouvemens ne
peut m'échapper, et je vois...Juste ciel, madame!

dit Thérèse en s'interrompant, est-il possible que le sort ne m'ait jamais placée que dans des situations si critiques, qu'il devienne aussi difficile à la vertu d'en entendre les récits, qu'à la pudeur de les peindre ! Ce crime horrible qui outrage également et la nature et les conventions sociales, ce forfait, en un mot, sur lequel la main de Dieu s'est appesantie si souvent légitimé par Cœur-de-Fer, proposé par lui à la malheureuse Thérèse, consommé sur elle involontairement par le bourreau qui vient de l'immoler, cette exécration révoltante enfin, je la vis s'achever sous mes yeux avec toutes les recherches impures, toutes les épisodes affreuses que peut y mettre la dépravation la plus réfléchie. L'un de ces hommes, celui qui se prêtoit, étoit âgé de vingt-quatre ans, assez bien mis pour faire croire à l'élévation de son rang ; l'autre, à-peu-près du même âge, paroissoit un de ses domestiques. L'acte fut scandaleux et long. Appuyé sur ses mains à la crête d'une petite monticule en face du taillis où j'étois, le jeune maître exposoit à nu au compagnon de sa débauche l'autel impie du sacrifice ; et celui-ci, plein d'ardeur à ce spectacle, en caressoit

l'idole, tout prêt à l'immoler d'un poignard
, bien plus gigantesque que celui dont j'avois
été menacée par le chef des brigands de Bondi.
Mais le jeune maître, nullement craintif,
semble braver impunément le trait qu'on lui
présente ; il l'agace, il l'excite, le couvre
de baisers, s'en saisit, s'en pénètre lui-même,
se délecte en l'engloutissant. Enthousiasmé de
ses criminelles caresses, l'infâme se débat sous
le fer, et semble regretter qu'il ne soit pas plus
effrayant encore : il en brave les coups ; il les
prévient ; il les repousse... Deux tendres et
légitimes époux se caresseroient avec moins
d'ardeur... Leurs bouches se pressent, leurs
soupirs se confondent, leurs langues s'entre-
lacent, et je les vois tous deux enivrés de luxure,
trouver au centre des délices le complément de
leurs perfides horreurs. L'hommage se renou-
velle ; et pour en ralumer l'encens, rien n'est
épargné par celui qui l'exige ; baisers, attouchemens, pollutions, rafinemens de la plus
insigne débauche, tout s'emploie à rendre des
forces qui s'éteignent, et tout réussit à les ra-
nimer cinq fois de suite, mais sans qu'aucun
des deux changeât de rôle. Le jeune maître fut

toujours FEMME ; et quoiqu'on pût découvrir
en lui la possibilité d'un homme à son tour,
il n'eût pas même l'apparence d'en concevoir
un instant le desir. S'il visita l'autel semblable
à celui où l'on sacrifioit chez lui, ce fut au
profit de l'autre idole, et jamais nulle attaque
n'eut l'air de menacer celle-là.

Oh ! que ce tems me parut long ! Je n'osois
bouger, de peur d'être apperçue ; enfin les
criminels acteurs de cette scène indécente, ras-
sasiés sans doute, se levèrent pour regagner
le chemin qui devoit les conduire chez eux,
lorsque le maître s'approche du buisson qui
me recèle : mon bonnet me trahit.... Il apper-
çoit...—Jasmin, dit-il à son valet, nous sommes découverts... une fille a vu nos mystères...
Approche-toi ; sortons de là cette catin, et
sachons pourquoi elle y est.

Je ne leur donnai pas la peine de me tirer de
mon asyle, m'en arrachant aussitôt moi-même,
et tombant à leurs pieds... O messieurs ! m'écriai-
je en étendant les bras vers eux ; daignez avoir
pitié d'une malheureuse dont le sort est plus à
plaindre que vous ne pensez : il est bien peu de
revers qui puissent égaler les miens ; que la

situation où vous m'avez trouvée ne vous fasse naître aucun soupçon sur moi ; elle est la suite de ma misère , bien plutôt que de mes torts : loin d'augmenter les maux qui m'accablent , veuillez les diminuer en me facilitant les moyens d'échapper aux fléaux qui me poursuivent.

Le comte de Bressac (c'étoit le nom du jeune homme) ; entre les mains de qui je tombois , avec un grand fonds de méchanceté et de libertinage dans l'esprit , n'étoit pas pourvu d'une dose très-abondante de commisération dans le cœur. Il n'est malheureusement que trop commun de voir le libertinage éteindre la pitié dans l'homme ; son effet ordinaire est d'endurcir ; soit que la plus grande partie de ses écarts nécessite l'apathie de l'ame , soit que la secousse violente que cette passion imprime à la masse des nerfs, diminue la force de leur action, toujours est-il qu'un libertin est rarement un homme sensible. Mais à cette dureté naturelle dans l'espèce de gens dont j'esquisse le caractère, il se joignoit encore dans M. de Bressac un dégoût si invétéré pour notre sexe , une haine si forte pour tout ce qui le caractérisoit, qu'il étoit bien difficile que je parvinsse à placer dans son ame les sentimens dont je voulois l'émouvoir.

TOURTERELLE

TOURTERELLE DES BOIS, me dit le comte avec
dureté, si tu cherches des dupes, adresse-toi
mieux : ni mon ami ni moi ne sacrifions jamais
au temple de ton sexe ; si c'est l'aumône que tu
demandes, cherche des gens qui aiment les
bonnes œuvres ; nous n'en faisons jamais de ce
genre... Mais parle, misérable, as-tu vu ce qui
s'est passé entre monsieur et moi ? —Je vous ai
vu causer sur l'herbe, répondis-je ; rien de plus,
monsieur, je vous l'assure. —Je veux le croire,
dit le jeune comte, et cela pour ton bien ; si
j'imaginois que tu eusses pu voir autre chose,
tu ne sortirois jamais de ce buisson... Jasmin,
il est de bonne heure : nous avons le tems d'ouïr
les aventures de cette fille, et nous verrons après
ce qu'il en faudra faire.

Ces jeunes gens s'asseyent ; ils m'ordonnent
de me placer près d'eux ; et là, je leur fais part
avec ingénuité de tous les malheurs qui m'accablent depuis que je suis au monde. —Allons,
Jasmin, dit monsieur de Bressac en se levant,
dès que j'eus fini ; soyons justes une fois ; l'é-
quitable Thémis a condamnée cette créature :
ne souffrons pas que les vues de la déesse soit
aussi cruellement frustrées ; faisons subir à la

délinquante l'arrêt de mort qu'elle auroit en-
couru : ce petit meurtre , bien loin d'être un
crime, ne deviendra qu'une réparation dans
l'ordre moral. Puisque nous avons le malheur
de le déranger quelquefois, rétablissons-le cou-
rageusement , du moins quand l'occasion se
présente... Et les cruels m'ayant enlevée de ma
place, me traînent déjà vers le bois , riant de
mes pleurs et de mes cris; lions-là par les quatre
membres , à quatre arbres formant un quarré
long , dit Bressac en me mettant nue. Puis, au
moyen de leurs cravates , de leurs mouchoirs et
de leurs jarretières, ils font des cordes dont je
suis à l'instant liée , comme ils le projètent,
c'est-à-dire , dans la plus cruelle et la plus dou-
loureuse attitude qu'il soit possible d'imaginer.
On ne peut rendre ce que je souffris ; il sembloit
que l'on m'arrachât les membres, et que mon
estomac qui portoit à faux , dirigé par son poids
vers la terre, dût s'entr'ouvrir à tous les instans.
La sueur couloit de mon front; je n'existois
plus que par la violence de la douleur ; si elle
eût cessé de comprimer mes nerfs , une angoisse
mortelle m'eût saisie : les scélérats s'amuserent
de cette posture ; ils me considéroient en s'ap-

plaudissant. — En voilà assez, dit enfin Bressac ;
je consens que pour cette fois elle en soit quitte
pour la peur.

Thérèse, continue-t-il en lâchant mes liens
et m'ordonnant de m'habiller, soyez discrète
et suivez-nous : si vous vous attachez à moi,
vous n'aurez pas lieu de vous en repentir. Il
faut une seconde femme à ma mère ; je vais
vous présenter à elle sur la foi de vos récits ;
je vais lui répondre de votre conduite ; mais si
vous abusez de mes bontés, si vous trahissez ma
confiance, où que vous ne vous soumissiez pas
à mes intentions, regardez ces quatre arbres :
Thérèse, regardez le terrein qu'ils enseignent,
et qui devoit vous servir de sépulcre ; souvenez-
vous que ce funeste endroit n'est qu'à une lieue
du château où je vous conduis, et qu'à la plus
légère faute, vous y serez aussitôt ramenée.

A l'instant j'oublie mes malheurs ; je me jette
aux genoux du comte ; je lui fais, en larmes,
le serment d'une bonne conduite ; mais aussi
insensible à ma joie qu'à ma douleur : — Mar-
chons, dit Bressac, c'est cette conduite qui
parlera pour vous ; elle seule réglera votre sort.

Nous avançons ; Jasmin et son maître causoient

bas ensemble ; je les suivoient humblement sans
mot dire. Une petite heure nous rend au château
de madame la marquise de Bressac, dont la
magnificence et la multitude de valets qu'il ren-
ferme, me font voir que quelque poste que je
doive remplir dans cette maison, il sera sûrement
plus avantageux pour moi que celui de la gou-
vernante en chef de M. du Harpin. On me fait
attendre dans un office où Jasmin m'offre obli-
geamment tout ce qui peut servir à me réconforter.
Le jeune comte entre chez sa mère ; il la prévient,
et lui-même vient me chercher une demi-heure
après pour me présenter à la marquise.

Madame de Bressac étoit une femme de qua-
rante-six ans, très-belle encore, qui me parut
honnête et sensible, quoiqu'elle mêlât un peu
de sévérité dans ses principes et dans ses propos ;
veuve depuis deux ans du père du jeune comte,
qui l'avoit épousée sans autre fortune que le
beau nom qu'il lui donnoit. Tous les biens que
pouvoit espérer Monsieur de Bressac, dépen-
doient de cette mère ; ce qu'il avoit eu de son
père fournissoit à peine à ses plaisirs. Madame
de Bressac y joignoit une pension considérable ;
mais cela n'étoit point assez ; rien de cher comme

les voluptés du comte : peut-être celles-là se
paient-elles moins que les autres ; mais elles se
multiplient beaucoup plus. Il y avoit cinquante
mille écus de rente dans cette maison, et mon-
sie. de Bressac étoit seul. On n'avoit jamais pu
le déterminer au service ; tout ce qui l'écartoit
de son libertinage étoit si insupportable pour
lui , qu'il ne pouvoit en adopter la chaîne. La
marquise habitoit cette terre trois mois de l'année ; elle en passoit le reste à Paris ; et ces trois
mois qu'elle exigeoit de son fils de passer avec
elle , étoient une sorte de supplice pour un
homme abhorrant sa mère, et regardant comme
perdus tous les momens qu'il passoit éloigné
d'une ville où se trouvoit pour lui le centre des
plaisirs.

Le jeune comte m'ordonna de raconter à la
marquise les choses dont je lui avois fait part ;
et dès que j'eus fini : —Votre candeur et votre
naïveté , me dit madame de Bressac, ne me
permettent pas, de douter que vous ne soyéz
vraie. Je ne prendrai d'autres informations sur
vous que celles de savoir si vous êtes réellement
la fille de l'homme que vous m'indiquez ; si cela
est, j'ai connu votre père , et ce sera pour moi

K 3

une raison de plus pour m'intéresser à vous.
Quant à l'affaire de chez du Harpin, je me
charge de l'arranger en deux visites chez le
chancelier, mon ami depuis des siècles. C'est
l'homme le plus intègre qu'il y ait au monde ;
il ne s'agit que de lui prouver votre innocence
pour anéantir tout ce qui a été fait contre vous.
Mais réfléchissez bien, Thérèse, que ce que je
vous promets ici n'est qu'au prix d'une conduite
intacte ; ainsi vous voyez que les effets de la
reconnoissance que j'exige tourneront toujours
à votre profit. Je me jetai aux pieds de la marquise ; l'assurai qu'elle seroit contente de moi :
elle me releva avec bonté, et me mit sur-le-
champ en possession de la place de seconde
femme-de-chambre à son service.

Au bout de trois jours, les informations
qu'avoit faites madame de Bressac, à Paris,
arrivèrent ; elles étoient telles que je pouvois
le desirer : la marquise me loua de ne lui en
avoir point imposé, et toutes les idées du malheur s'évanouirent enfin de mon esprit ; pour
n'être plus remplacées que par l'espoir des plus
douces consolations qu'il pût m'être permis d'attendre ; mais il n'étoit pas arrangé dans le ciel

que la pauvre Thérèse dût jamais être heureuse ;
et si quelques momens de calme naissoient for-
tuitement, ce n'étoit que pour lui rendre plus
amers ceux d'horreur qui devoient les suivre.

A peine fûmes-nous à Paris, que madame
de Bressac s'empressa de travailler pour moi.
Le premier président voulut me voir, il écouta
le récit de mes malheurs avec intérêt : les ca-
lomnies de du Harpin furent reconnues ; mais
en vain voulut-on le punir ; du Harpin, ayant
réussi dans une affaire de faux billets, par
laquelle il ruinoit trois ou quatre familles, et
où il gagnoit près de deux millions, venoit de
passer en Angleterre. A l'égard de l'incendie des
prisons du Palais, on se convainquit que, si
j'avois profité de cet évènement, au moins n'y
avois-je participé en rien, et ma procédure
s'anéantit, m'assura-t-on, sans que les magistrats, qui s'en mêlèrent, crussent devoir y employer d'autres formalités : je n'en savois pas
davantage ; je me contentai de ce qu'on me dit :
vous verrez bientôt si j'eus tort.

Il est aisé d'imaginer combien de pareils
procédés m'attachoient à madame de Bressac ;
n'eût-elle pas eu, d'ailleurs, pour moi toutes

sortes de bontés , comment de telles démarches
ne m'eussent-elles pas liée pour jamais à une
protectrice aussi précieuse? Il s'en falloit pourtant bien que l'intention du jeune comte fût de
m'enchaîner aussi intimement à sa mère... Mais
c'est ici le cas de vous peindre cet homme.

Monsieur de Bressac réunissoit aux charmes
de la jeunesse , la figure la plus séduisante : si
sa taille ou ses traits avoient quelques défauts ,
c'étoit parce qu'ils se rapprochoient un peu trop
de cette nonchalance , de cette molesse qui
n'appartient qu'aux femmes ; il sembloit qu'en
lui prêtant les attributs de ce sexe , la nature
lui en eût également inspiré les goûts... Quelle
ame cependant étoit enveloppée sous ces appas
féminins ! On y rencontroit tous les vices qui
caractérisent celle des scélérats ; on ne porta
jamais plus loin la méchanceté , la vengeance ,
la cruauté , l'athéïsme , la débauche , le mépris
de tous les devoirs , et principalement de ceux
dont la nature paroît nous faire des délices. Au
milieu de tous ses torts , monsieur de Bressac
avoit principalement celui de détester sa mère.
La marquise faisoit tout au monde pour ramener
son fils aux sentiers de la vertu ; peut-être y

employoit-elle trop de rigueur : il en résultoit que le comte, plus enflammé par les effets même de cette sévérité, ne se livroit à ses goûts que plus impétueusement encore, et que la pauvre marquise ne retiroit de ses persécutions que de se faire haïr davantage.

Ne vous imaginez pas, me disoit très-souvent le comte, que ce soit d'elle-même que ma mère agisse dans tout ce qui vous concerne, Thérèse ; croyez que si je ne la persécutois à tout instant, elle se ressouviendroit à peine des soins qu'elle vous a promis. Elle vous fait valoir tous ses pas, tandis qu'ils ne sont que mon seul ouvrage. Oui, Thérèse, oui, c'est à moi seul que vous devez de la reconnoissance ; et celle que j'exige de vous, doit vous paroître d'autant plus désintéressée, que, quelque jolie que vous puissiez être, vous savez bien que ce n'est pas à vos faveurs que je prétends : non, Thérèse, les services que j'attends de vous sont d'un tout autre genre ; et quand vous serez bien convaincue de ce que j'ai fait pour votre tranquillité, j'espère que je trouverai dans votre ame ce que je suis en droit d'en attendre.

Ces discours me paroissoient si obscurs, que

je ne savois comment y répondre : je le faisois
pourtant à tout hasard , et peut-être avec trop
de facilité. Faut-il vous l'avouer ? Helas! oui ,
vous déguiser mes torts , seroit tromper votre
confiance , et mal répondre à l'intérêt que mes
malheurs vous ont inspiré. Apprenez donc ,
madame, la seule faute volontaire que j'aie à
me reprocher... Que dis-je , une faute ? une
folie , une extravagance.... qui n'eut jamais
rien d'égal ; mais au moins ce n'est pas un crime,
c'est une simple erreur qui n'a puni que moi ,
et dont il ne paroît point que la main équitable
du ciel ait dû se servir pour me plonger dans
l'abîme qui s'ouvrit peu après sous mes pas.
Quels qu'eussent été les indignes procédés du
comte de Bressac pour moi, le premier jour où
je l'avois connu , il m'avoît cependant été impossible de le voir sans me sentir entraînée vers
lui par un mouvement de tendresse que rien
n'avoit pu vaincre. Malgré toutes mes réflexions
sur sa cruauté , sur son éloignement pour les
femmes , sur la dépravation de ses goûts , sur
les distances morales qui nous séparoient ,
rien au monde ne pouvoit éteindre cette passion
naissante, et si le comte eût demandé ma vie ,

je la lui aurois sacrifiée mille fois. Il étoit loin
de soupçonner mes sentimens... Il étoit loin,
l'ingrat ! de démêler la cause des pleurs que je
versois journellement ; mais il lui étoit impossible pourtant de ne pas se douter du desir que
j'avois de voler au devant de tout ce qui pouvoit
lui plaire ; il ne se pouvoit pas qu'il n'entrevît
mes prévenances : trop aveugle sans doute elles
alloient au point de servir ses erreurs autant
que la décence pouvoit me le permettre, et de
les déguiser toujours à sa mère. Cette conduite
m'avoit en quelque façon gagné sa confiance,
et tout ce qui venoit de lui m'étoit si précieux,
je m'aveuglai tellement sur le peu que m'offroit
son cœur, que j'eus quelquefois la foiblesse de
croire que je ne lui étois pas indifférente. Mais
combien l'excès de ses désordres me désabusoit
promptement ! ils étoient tels, que sa santé
même en étoit altérée. Je prenois quelquefois
la liberté de lui peindre les inconvéniens de sa
conduite : il m'écoutoit sans répugnance, puis
finissoit par me dire qu'on ne se corrigeoit pas
de l'espèce de vice qu'il chérissoit.

Ah, Thérèse ! s'écria-t-il un jour dans l'en-
thousiasme ; si tu connoissois les charmes de

cette fantaisie , si tu pouvois comprendre ce
qu'on éprouve à la douce illusion de n'être
plus qu'une femme ! Incroyable égarement de
l'esprit, on abhorre ce sexe, et l'on veut l'imiter. Ah ! qu'il est doux d'y réussir, Thérèse !
qu'il est délicieux d'être la catin de tous ceux
qui veulent de vous ! et portant sur ce point ,
au dernier période, le délire et la prostitution,
d'être successivement , dans le même jour, la
maîtresse d'un crocheteur, d'un marquis, d'un
valet, d'un moine ; d'en être tour-à-tour chéri,
caressé, jalousé, menacé, battu ; tantôt dans
leurs bras victorieux , et tantôt victimé à leurs
pieds, les attendrissant par des caresses, les
ranimant par des excès... Oh ! non , non ,
Thérèse, tu ne comprends pas ce qu'est ce plaisir
pour une tête organisée comme la mienne...
Mais , le moral à part, si tu te représentois
quelles sont les sensations physiques de ce divin
goût, il est impossible d'y tenir ; c'est un châ-
touillement si vif, des titillations de volupté si
piquantes... on perd l'esprit... on déraisonne ;
mille baisers plus tendres les uns que les autres
n'exhalent pas encore avec assez d'ardeur l'i-
vresse où nous plongent l'agent : enlacés dans

ses bras, les bouches collées l'une à l'autre,
nous voudrions que notre existence entière pût
s'incorporer à la sienne; nous ne voudrions faire
avec lui qu'un seul être : si nous osons nous
plaindre, c'est d'être négligés; nous voudrions
que, plus robuste qu'Hercule, il nous élargît,
il nous pénétrât; que cette semence précieuse,
élancée brûlante au fond de nos entrailles, fît,
par sa chaleur et sa force, jaillir la nôtre dans
ses mains,.. Ne t'imagines pas, Thérèse, que
nous soyons faits comme les autres hommes;
c'est une construction toute différente; et cette
membrane châtouilleuse qui tapisse chez vous
le temple de Vénus, le ciel en nous créant en
orna les autels où nos céladons sacrifient. Nous
sommes aussi certainement femmes là que vous
l'êtes au sanctuaire de la génération; il n'est pas
un de vos plaisirs qui ne nous soit connu, pas
un dont nous ne sachions jouir; mais nous
avons, de plus, les nôtres; et c'est cette réunion
délicieuse qui fait de nous les hommes de la
terre les plus sensibles à la volupté, les mieux
créés pour la sentir; c'est cette réunion enchan-
teresse qui rend impossible la correction de nos
goûts, qui feroit de nous des enthousiastes et

des frénétiques, si l'on avoit encore la stupidité de nous punir;... qui nous fait adorer, jusqu'au cercueil enfin, le Dieu charmant qui nous enchaîne !

Ainsi s'exprimoit le comte en préconisant ses travers : essayois-je de lui parler de l'être auquel il devoit le jour, et des chagrins que de pareils désordres donnoient à cette respectable mère, je n'appercevois plus dans lui que du dépit et de l'humeur, et sur-tout de l'impatience de voir si long-temps, en de telles mains, des richesses qui, disoit-il, devroient déja lui appartenir ; je n'y voyois plus que la haine la plus invétérée contre cette femme si honnête, la révolte la plus constatée contre tous les sentimens de la nature. Seroit-il donc vrai que, quand on est parvenu à transgresser aussi formellement dans ses goûts l'instinct sacré de cette loi, la suite nécessaire de ce premier crime fût un affreux penchant à commettre ensuite tous les autres ?

Quelquefois je me servois des moyens de la religion ; presque toujours consolée par elle, j'essayois de faire passer ses douceurs dans l'ame de ce pervers, à-peu-près sûre de le contenir par ces liens, si je parvenois à lui en faire partager les attraits; mais le comte ne me laissa pas long-temps employer de telles armes. Ennemi déclaré de nos plus saints mystères, frondeur opiniâtre de la pureté de nos dogmes, antagoniste outré de l'existence d'un Être-Suprême, monsieur de Bressac, au lieu de se laisser convertir par moi, chercha bien plutôt à me corrompre.

Toutes les religions partent d'un principe faux, Thérèse, me disoit-il; toutes supposent comme nécessaire le culte d'un être créateur; mais ce créateur n'exista jamais. Rappelle-toi sur cela les préceptes sensés de ce certain Cœur-de-Fer qui, m'as-tu dit, Thérèse, avoit comme moi travaillé ton esprit; rien de plus juste que les principes de cet homme; et l'avilissement dans lequel on a la sottise de le tenir, ne lui ôte pas le droit de bien raisonner.

Si toutes les productions de la nature sont des effets résultatifs des lois qui la captivent; si son action et sa création perpétuelles supposent le mouvement nécessaire à son essence, que devient le souverain maître que lui prêtent gratuitement les sots? Voilà ce que te disoit ce sage instituteur, chère fille. Que sont donc les religions d'après cela, sinon le frein dont la tyrannie du plus fort voulut captiver le plus foible ? Rempli de ce dessein, il osa dire à celui qu'il prétendoit dominer, qu'un Dieu forgeoit des fers dont sa cruauté l'entouroit ; et celui-ci, abruti par sa misère, crut indistinctement tout ce que voulut l'autre. Les religions, nées de ces fourberies, peuvent-elles donc mériter quelque respect ? en est-il une seule, Thérèse, qui ne porte l'em- blême de l'imposture et de la stupidité ? Que vois-je dans toutes ? des mystères qui font fré- mir la raison ; des dogmes outrageant la nature, et des cérémonies grotesques qui n'inspirent que la dérision et le dégoût. Mais si de toutes, une mérite plus particulièrement notre mépris et notre haine, ô Thérèse ! n'est-ce pas cette loi barbare du christianisme, dans laquelle nous sommes tous deux nés ? En est-il une plus odieuse ?.... une qui soulève autant et le cœur et l'esprit ? Comment des hommes raisonnables peuvent-ils encore ajouter quelque croyance aux paroles obscures, aux prétendus miracles du vil instituteur de ce culte effrayant ? Exista-t-il jamais un bateleur plus fait pour l'indignation publique ? Qu'est-ce qu'un juif lépreux qui, né d'une catin et d'un soldat, dans le plus chétif coin de l'Univers , ose se faire passer pour l'organe de celui qui , dit-on , a créé le monde ? Avec des prétentions si relevées, tu l'avoueras , Thérèse , il falloit au moins quelques titres. Quels sont-ils ceux de ce ridicule ambassadeur ! Que va-t-il faire pour prouver sa mission ? La terre va-t-elle changer de face ? Les fléaux qui l'affligent vont-ils s'anéantir ? Le soleil va-t-il l'éclairer nuit et jour? Les vices ne la souilleront-ils plus ? N'allons-nous voir enfin régner que le bonheur ?.... Point : c'est par des tours de passe-passe , par des gambades et par des calembourgs (1) , que l'envoyé de Dieu s'annonce à l'Univers ; c'est dans la société respectable de manœuvres , d'artisans et de filles de joie , que le ministre du ciel vient manifester sa grandeur ; c'est en s'enivrant avec les uns , couchant avec les autres , que l'ami d'un Dieu , Dieu lui-

---

(1) Le marquis de Bièvre en fit-il jamais un qui valût celui du Nazaréen à son disciple : Tu » es Pierre , et sur cette pierre je bâtirai mon » église « : et qu'on vienne nous dire que les calembourgs sont de notre siècle !
(NOTE DE L'ÉDITEUR.)

même , vient soumettre à ses lois le pécheur
endurci ; c'est en n'inventant pour ses farces
que ce qui peut satisfaire ou sa luxure , ou sa
gourmandise ; que le faquin prouve sa mission.
Quoi qu'il en soit , il fait fortune : quelques plats
satellites se joignent à ce fripon ; une secte se
forme ; les dogmes de cette canaille parviennent
à séduire quelques juifs : esclaves de la puissance
romaine , ils devoient embrasser avec joie une
religion qui , les dégageant de leurs fers , ne les
assoupissoit qu'au frein religieux. Leur motif
se devine ; leur indocilité se dévoile : on arrête
les séditieux ; leur chef périt , mais d'une mort
beaucoup trop douce sans doute pour son genre
de crime ; et , par un impardonnable défaut de
réflexion , on laisse disperser les disciples de ce
malôtru , au lieu de les égorger avec lui. Le
fanatisme s'empare des esprits ; des femmes
crient : des fous se débattent ; des imbéciles
croient : et voilà le plus misérable des êtres ,
le plus mal-adroit fripon , le plus lourd impos-
teur qui eût encore paru , le voilà Dieu ; le
voilà fils de Dieu , égal à son père ; voilà toutes
ses rêveries consacrées , toutes ses paroles devenues des dogmes , et ses balourdises des

mystères. Le sein de son fabuleux père s'ouvre pour le recevoir ; et ce créateur, jadis simple, le voilà devenu triplé pour complaire à ce fils si digne de sa grandeur : mais ce saint Dieu en restera-t-il là ? Non sans doute, c'est à de bien plus grandes faveurs que va se prêter sa celeste puissance. A la volonté d'un prêtre, c'est-à-dire, d'un drôle couvert de mensonges et de crimes, ce grand Dieu, créateur de tout ce que nous voyons, va s'abaisser jusqu'à descendre dix ou douze millions de fois par matinée dans un morceau de pâte qui, devant etre digéré par les fidèles, va se transmuer bientôt au fond de leurs entrailles, dans les excrémens les plus vils, et cela pour la satisfaction de ce tendre fils, inventeur odieux de cette impiété monstrueuse dans un souper de cabaret. Il l'a dit ; il faut que cela soit. Il a dit : Ce pain que vous voyez sera ma chair : vous le digérerez comme tel. Or je suis Dieu ; donc Dieu sera digéré par vous ; donc le créateur du ciel et de la terre se changera, parce que je l'ai dit, en la matière la plus vile qui puisse exhaler du corps de l'homme; et l'homme mangera son Dieu, parce que ce Dieu est bon et qu'il est tout-puissant. Cependant

ces inepties, s'étendent; on attribue leur accrois-
sement à leur réalité, à leur grandeur, à leur
sublimité, à la puissance de celui qui les intro-
duit, tandis que les causes les plus simples
doublent leur existence ; tandis que le crédit
acquis par l'erreur ne prouva jamais que des
filoux d'une part, et des imbéciles de l'autre.

Elle arrive enfin sur le trône, cette infâme
religion ; et c'est un empereur foible, cruel,
ignorant et fanatique qui, l'enveloppant du
bandeau royal, en souille ainsi les deux bouts
de la terre. O Thérèse ! de quel poids doivent
être ces raisons sur un esprit examinateur et
philosophe ! Le sage peut-il voir autre chose
dans ce ramas de fables épouvantables, que le
fruit dégoûtant de l'imposture de quelques
hommes et de la fausse crédulité d'un plus grand
nombre ? Si Dieu avoit voulu que nous eussions
une religion quelconque, et qu'il fût réellement
puissant, ou, pour mieux dire, s'il y avoit
réellement un Dieu, seroit-ce par des moyens
aussi absurdes qu'il nous eût fait part de ses
ordres ? Seroit-ce par l'organe d'un bandit méprisable, qu'il nous eût montré comme il falloit
le servir ? S'il est suprême, s'il est puissant,

s'il est juste, s'il est bon, ce Dieu dont vous me
parlez, sera-ce par des énigmes et des farces
qu'il voudra m'apprendre à le servir et à le
connoître ? Souverain moteur des astres et du
cœur de l'homme, ne peut-il nous instruire,
en se servant des uns, ou nous en convaincre,
en se gravant dans l'autre ? Qu'il imprime un
jour en traits de feu, au centre du soleil, la loi
qui peut lui plaire, et qu'il veut nous donner,
d'un bout de l'Univers à l'autre, tous les hommes
la lisant, la voyant à-la-fois, deviendront cou-
pables, s'ils ne la suivent pas alors. Mais n'in-
diquer ses desirs que dans un coin ignoré de
l'Asie ; choisir pour spectateurs le peuple le
plus fourbe et le plus visionnaire ; pour subs-
titut le plus vil artisan, le plus absurde et le
plus fripon, embrouiller si bien la doctrine,
qu'il est impossible de la comprendre ; en ab-
sorber la connoissance chez un petit nombre
d'individus ; laisser les autres dans l'erreur, et
les punir d'y être restés... Eh ! non, Thérèse,
non, non, toutes ces atrocités-là ne sont pas
faites pour nous guider : j'aimerois mieux
mourir mille fois que de les croire. Quand l'a-
théisme voudra des martyrs, qu'il les désigne,

et mon sang est tout prêt. Détestons ces horreurs,
Thérèse ; que les outrages les mieux constatés
cimentent le mépris qui leur est si bien dû...
A peine avois-je les yeux ouverts , que je les
détestois ces rêveries grossières , je me fis dès-
lors une loi de les fouler aux pieds , un serment
de n'y plus revenir : imite-moi, si tu veux être
heureuse ; déteste , abjure , profane ainsi que
moi , et l'objet odieux de ce culte effrayant , et
ce culte lui-même , créé par des chimères , fait,
comme elles , pour être avili de tout ce qui
prétend à la sagesse.

O monsieur ! répondis je en pleurant , vous
priveriez une malheureuse de son plus doux
espoir, si vous flétrissiez dans son cœur cette
religion qui la console. Fermement attachée à
ce qu'elle enseigne ; absolument convaincue que
tous les coups qui lui sont portés ne sont que
les effets du libertinage et des passions , irai-je
sacrifier à des blasphèmes , à des sophismes qui
me font horreur, la plus chère idée de mon
esprit, le plus doux aliment de mon cœur ?
J'ajoutois mille autres raisonnemens à cela dont
le comte ne faisoit que rire ; et ses principes
captieux, nourris d'une éloquence plus mâle ,

soutenus de lectures que je n'avois heureusement
jamais faites, attaquoient chaque jour tous les
miens, mais sans les ébranler. Madame de
Bressac, remplie de vertu et de piété, n'ignoroit
pas que son fils soutenoit ses écarts par tous les
paradoxes du jour; elle en gémissoit souvent
avec moi; et comme elle daignoit me trouver
un peu plus de bon-sens qu'à ses autres femmes,
elle aimoit à me confier ses chagrins.

Il n'étoit pourtant plus de bornes aux mauvais
procédés de son fils pour elle : le comte étoit
au point de ne s'en plus cacher : non-seulement
il avoit entouré sa mère de toute cette canaille
dangereuse servant à ses plaisirs; mais il avoit
même porté la hardiesse jusqu'à lui déclarer
devant moi, que si elle s'avisoit encore de
contrarier ses goûts, il la convaincroit des
charmes dont ils étoient, en s'y livrant à ses
yeux même.

Je gémissois; cette conduite me faisoit horreur.
Je tâchois d'en résoudre des motifs personnels
pour étouffer dans mon ame la malheureuse
passion dont elle étoit brûlée; mais l'amour
est-il un mal dont on puisse guérir? Tout ce
que je cherchois à lui opposer n'attisoit que

plus vivement sa flamme, et le perfide comte ne me paroissoit jamais plus aimable que quand j'avois réuni devant moi tout ce qui devoit m'engager à le haïr.

Il y avoit quatre ans que j'étois dans cette maison, toujours persécutée par les mêmes chagrins, toujours consolée par les mêmes douceurs, lorsque cet abominable homme, se croyant enfin sûr de moi, osa me dévoiler ses infâmes desseins. Nous étions pour lors à la campagne ; j'étois seule auprès de la comtesse ; sa première femme avoit obtenu de rester à Paris, l'été, pour quelques affaires de son mari. Un soir, peu après que je fus retirée, respirant à un balcon de ma chambre, et ne pouvant, à cause de l'extrême chaleur, me déterminer à me coucher, tout-à-coup le comte frappe, et me prie de le laisser causer avec moi. Hélas ! tous les instans que m'accordoit ce cruel auteur de mes maux me paroissoient trop précieux pour que j'osasse en refuser aucun : il entre, ferme avec soin la porte ; et se jetant à mes côtés dans un fauteuil : —Écoute-moi, Thérèse, me dit-il avec un peu d'embarras ;... j'ai des choses de la plus grande conséquence à te dire ; jure-moi,

que

que tu n'en révéleras jamais rien.—O monsieur!
répondis-je, pouvez-vous me croire capable
d'abuser de votre confiance? — Tu ne sais pas
ce que tu risquerois, si tu venois à me prouver,
que je me suis trompé en te l'accordant! —Le
plus affreux de tous mes chagrins, seroit de
l'avoir perdue; je n'ai pas besoin de plus grandes
menaces... —Eh bien, Thérèse, j'ai condamné
ma mère à la mort... et c'est ta main qui doit
me servir... —Ma main! m'écriai-je en reculant
d'effroi... O monsieur! avez-vous pu concevoir
de semblables projets?... Non, non; disposez
de ma vie, s'il vous la faut; mais n'imaginez
jamais d'obtenir de moi l'horreur que vous me
proposez. —Écoute, Thérèse, me dit le comte,
en me ramenant avec tranquillité; je me suis
bien douté de tes répugnances; mais comme tu
as de l'esprit, je me suis flatté de les vaincre...
de te prouver que ce crime, qui te paroît si
énorme, n'est au fond qu'une chose toute
simple.

Deux forfaits s'offrent ici, Thérèse, à tes
yeux peu philosophiques; la destruction d'une
créature qui nous ressemble, et le mal dont cette
destruction s'augmente, quand cette créature

nous appartient de près. A l'égard du crime de
la destruction de son semblable, sois-en certaine, chère fille, il est purement chimérique ;
le pouvoir de détruire n'est pas accordé à l'homme ; il a tout au plus celui de les varier : or
toute forme est égale aux yeux de la nature ;
rien ne se perd dans le creuset immense où ses
variations s'exécutent ; toutes les portions de
matière qui y tombent en rejaillissent incessamment sous d'autres figures ; et quels que
soient nos procédés sur cela, aucun ne l'outrage
sans doute, aucun ne sauroit l'offenser. Nos
destructions raniment son pouvoir ; elles entre-
tiennent son énergie ; mais aucune ne l'atténue ;
elle n'est contrariée par aucune... Eh ! qu'importe à sa main toujours créatrice que cette masse
de chair, conformant aujourd'hui un individu
bipède, se reproduise demain sous la forme de
mille insectes différens ? Osera-t-on dire que la
construction de cet animal à deux pieds lui
coûtera plus que celle d'un vermisseau, et qu'elle
doit y prendre un plus grand intérêt ? Si donc
ce degré d'attachement, ou bien plutôt d'indifférence, est le même, que peut lui faire que
par le glaive d'un homme, un autre homme

soit changé en mouche ou en herbe? Quand
on m'aura convaincu de la sublimité de notre
espèce, quand on m'aura démontré qu'elle est
tellement importante à la nature, que nécessairement ses lois s'irritent de cette transmutation,
je pourrai croire alors que le meurtre est un
crime : mais quand l'étude la plus réfléchie
m'aura prouvé que tout ce qui végète sur ce
globe, le plus imparfait des ouvrages de la
nature, est d'un égal prix à ses yeux, je n'ad-
mettrai jamais que le changement d'un de ces
êtres en mille autres, puisse en rien déranger
ses vues. Je me dirai : tous les hommes, tous
les animaux, toutes les plantes croissant, se
nourrissant, se détruisant, se reproduisant par
les mêmes moyens, ne recevant jamais une mort
réelle, mais une simple variation dans ce qui
les modifie ; tous, dis-je, paroissant aujour-
d'hui sous une forme, et quelques années ensuite sous un autre, peuvent, au gré de l'être
qui veut les mouvoir, changer mille et mille fois
dans un jour, sans qu'une seule loi de la nature
en soit un instant affectée ; qui dis-je? sans que
ce transmutateur ait fait autre chose qu'un bien,
puisqu'en décomposant des individus dont les

M 2

bases redeviennent nécessaires à la nature, il
ne fait que lui rendre par cette action, impro-
prement qualifiée de criminelle, l'énergie créatrice dont la prive nécessairement celui qui,
par une stupide indifférence, n'ose entreprendre
aucun bouleversement. O Thérèse! c'est le seul
orgueil de l'homme qui érigea le meurtre en
crime. Cette vaine créature s'imaginant être la
plus sublime du globe, se croyant la plus essen-
tielle, partit de ce faux principe pour assurer
que l'action qui la détruisoit ne pouvoit qu'être
infâme : mais sa vanité, sa démence ne changent
rien aux lois de la nature; il n'y a point d'être
qui n'éprouve, au fond de son cœur, le desir
le plus véhément d'être défait de ceux qui le
gênent, ou dont la mort peut lui apporter du
profit; et de ce desir à l'effet, t'imagines-tu,
Thérèse, que la différence soit bien grande ?
Or, si ces impressions nous viennent de la
nature, est-il présumable qu'elles l'irritent ?
Nous inspireroit-elle ce qui la dégraderoit ? Ah !
tranquillise-toi, chère fille; nous n'éprouvons
rien qui ne lui serve; tous les mouvemens qu'elle
place en nous, sont les organes de ses lois; les
passions de l'homme ne sont que les moyens

qu'elle emploie pour parvenir à ses desseins.
A-t-elle besoin d'individus, elle nous inspire
l'amour, voilà des créations ; les destructions
lui deviennent-elles nécessaires, elle place dans
nos cœurs la vengeance, l'avarice, la luxure,
l'ambition ; voilà des meurtres : mais elle a
toujours travaillé pour elle, et nous sommes
devenus, sans nous en douter, les crédules agens
de ses caprices.

Eh ! non, non, Thérèse ; non, la nature ne
laisse pas dans nos mains la possibilité des crimes qui troubleroient son économie : peut-il
tomber sous le sens que le plus foible puisse
réellement offenser le plus fort ? Que sommes-
nous relativement à elle ? Peut-elle, en nous
créant, avoir placé dans nous ce qui seroit
capable de lui nuire ? Cette imbécille supposi-
tion peut-elle s'attacher avec la manière sublime
et sûre dont nous la voyons parvenir à ses fins ?
Ah ! si le meurtre n'étoit pas une des actions
de l'homme qui remplit le mieux ses intentions,
permettroit-elle qu'il s'opérât ? L'imiter peut-il
donc lui nuire ? Peut-elle s'offenser de voir
l'homme faire à son semblable ce qu'elle lui
fait elle-même tous les jours ? Puisqu'il est

M 3

démontré qu'elle ne peut se reproduire que par
des destructions, n'est-ce pas agir d'après ses
vues que de les multiplier sans cesse ? L'homme
en ce sens qui s'y livrera avec le plus d'ardeur,
sera donc incontestablement celui qui la servira
le mieux, puisqu'il sera celui qui coopérera le
plus à des desseins qu'elle manifeste à tous les
instants. La première et la plus belle qualité de
la nature, est le mouvement qui l'agite sans
cesse ; mais ce mouvement n'est qu'une suite
perpétuelle de crimes ; ce n'est que par des crimes qu'elle le conserve : l'être qui lui ressemble
le mieux, et par conséquent l'être le plus parfait, sera donc nécessairement celui dont l'agi-
tation la plus active deviendra la cause de beaucoup de crimes, tandis, je le répète, que l'être
inactif ou indolent, c'est-à-dire, l'être vertueux,
doit être à ses regards le moins parfait sans doute,
puisqu'il ne tend qu'à l'apathie, qu'à la tranquillité qui replongeroit incessamment tout dans
le chaos, si son ascendant l'emportoit ? Il faut
que l'équilibre se conserve ; il ne peut l'être que
par des crimes ; les crimes servent donc la nature :
s'ils la servent, si elle les exige, si elle le desire,
peuvent-ils l'offenser ? et qui peut être offensé,
si elle ne l'est pas ?

Mais la créature que je détruis est ma mère...
O Thérèse! que ces liens sont frivoles aux yeux
d'un philosophe! Permets-moi de ne pas même
t'en parler, tant ils sont futiles. Ces méprisables
chaînes, fruits de nos lois et de nos institutions
politiques, peuvent-elles être quelque chose,
aux yeux? Et cette méprisable femme qui nous
donna l'être, nous avoit-elle en vue quand elle
y travailla?

Laisse donc là tes préjugés, Thérèse, et sers-
moi; ta fortune est faite.

O monsieur! répondis-je, toute effrayée, au
comte de Bressac, cette indifférence que vous
supposez dans la nature, n'est encore ici que
l'ouvrage des sophismes de votre esprit. Daignez
écouter plutôt votre cœur, et vous entendrez
comme il condamnera, tous ces faux raisonnemens du libertinage: ce cœur, au tribunal
duquel je vous renvoie, n'est-il donc pas le
sanctuaire où cette nature que vous outragez
veut qu'on l'écoute et qu'on la respecte? Si elle
y grave la plus forte horreur pour le crime que
vous méditez, m'accorderez-vous qu'il est
condamnable? Les passions, je le sais, vous
aveuglent à présent; mais aussitôt qu'elles se

taïront, à quel point vous déchireront les remords! Plus est grande votre sensibilité, plus
leur aiguillon vous tourmentera... O monsieur!
conservez, respectez les jours de cette tendre
et précieuse amie; ne la sacrifiez point; vous
en péririez de désespoir? Chaque jour, à chaque
instant, vous la verriez devant vos yeux cette
mère chérie qu'auroit plongé dans le tombeau
votre aveugle fureur; vous entendriez sa voix
plaintive prononcer encore ces doux noms qui
faisoient la joie de votre enfance : elle appa-
roîtroit dans vos veilles, et vous tourmenteroit
dans vos songes; elle ouvriroit de ses doigts
sanglans les blessures dont vous l'auriez déchi-
rée : pas un moment heureux dès-lors ne luiroit
pour vous sur la terre; tous vos plaisirs seroient
souillés; toutes vos idées se troubleroient; une
main céleste, dont vous méconnoissez le pouvoir, vengeroit les jours que vous auriez détruits,
en empoisonnant tous les vôtres; et sans avoir
joui de vos forfaits, vous péririez du regret
mortel d'avoir osé les accomplir.

J'étois en larmes en prononçant ces mots;
j'étois à genoux aux pieds du comte; je le
suppliois; par tout ce qu'il pouvoit avoir de

plus sacré, d'oublier un égarement infâme que
je lui jurois de cacher toute ma vie... Mais je
ne connoissois pas l'homme à qui j'avois à faire ;
je ne savois pas à quel point les passions éta-
blissoient le crime dans cette âme perverse. Le
comte se leva froidement : je vois bien que je
me suis trompé, Thérèse, me dit-il ; j'en suis
peut-être autant fâché pour vous que pour moi :
n'importe, je trouverai d'autres moyens, et
vous aurez beaucoup perdu sans que votre
maîtresse y ait rien gagnée.

Cette menace changea toutes mes idées. En
n'acceptant pas le crime qu'on me proposoit,
je risquois beaucoup pour mon compte, et ma
maîtresse périssoit infailliblement : en consen-
tant à la complicité, je me mettois à couvert
du courroux du comte, et je sauvois assurément
sa mère. Cette réflexion, qui fut en moi l'ouvrage d'un instant, me détermina à tout accepter ;
mais comme un retour si prompt eût pu paroître
suspect, je ménageai quelque temps ma défaite ;
je mis le comte dans le cas de me répéter souvent
ses sophismes ; j'eus peu-à-peu l'air de ne plus
savoir qu'y répondre. Bressac me crut vaincue ;
je légitimai ma foiblesse par la puissance de

son art; je me rendis à la fin. Le comte s'élance
dans mes bras. Que ce mouvement m'eût com-
blée d'aise, s'il eût eu une autre cause !...
Que dis-je ? il n'étoit plus temps : son horrible
conduite, ses barbares desseins avoient anéanti
tous les sentimens que mon foible cœur osoit
concevoir, et je ne voyois en lui qu'un monstre... Tu es la première femme que j'embrasse,
me dit le comte, et, en vérité, c'est de toute
mon ame... Tu es délicieuse, mon enfant; un
rayon de sagesse a donc pénétré ton esprit?
Est-il possible que cette tête charmante soit si
long-temps restée dans les ténèbres ? Et ensuite
nous convînmes de nos faits. Dans deux ou
trois jours, plus ou moins, suivant la facilité
que j'y trouverois, je devois jeter un petit
paquet de poison, que me remit Bressac, dans
la tasse de chocolat que madame avoit coutume
de prendre le matin. Le comte me garantissoit
toutes les suites, et me remettoit un contrat de
deux mille écus de rente le jour même de l'exécution; il me signa ces promesses sans carac-
tériser ce qui devoit m'en faire jouir, et nous
nous séparâmes.

Il arriva, sur ces entrefaites, quelque chose

de trop singulier, de trop capable de vous dévoiler l'ame atroce du monstre auquel j'avois
affaire, pour que je n'interrompe pas une minute,
en vous le disant, le récit que vous attendez
sans doute du dénouement de l'aventure où je
m'étois engagée.

Le surlendemain de notre pacte criminel, le
comte apprit qu'un oncle, sur la succession
duquel il ne comptoit nullement, venoit de lui
laisser quatre-vingt mille livres de rente....
O ciel! me dis-je en apprenant cette nouvelle,
est-ce donc ainsi que la justice céleste punit le
complot des forfaits?... Et me repentant bientôt
de ce blasphême envers la providence, je
me jette à genoux, j'en demande pardon,
et je me flatte que cet évènement inattendu va
du moins changer les projets du comte... Quelle
étoit mon erreur! O ma chère Thérèse! me dit-il
en accourant le même soir dans ma chambre,
comme les prospérités pleuvent sur moi! Je te
l'ai dit souvent, l'idée d'un crime, ou son
exécution, est le plus sûr moyen d'attirer le
bonheur; il n'en est plus que pour les scélérats.
—Eh quoi! monsieur, répondis-je, cette fortune, sur laquelle vous ne comptiez pas, ne vous

décide point à attendre patiemment la mort que
vous vouliez hâter ? — Attendre ! reprit brus-
quement le comte ; je n'attendrois pas deux
minutes, Thérèse : songes-tu que j'ai vingt-
huit ans, et qu'il est dur d'attendre à mon âge...
Non, que ceci ne change rien à mes projets, je
t'en supplie, et donne-moi la consolation de
voir terminer tout avant l'époque de notre retour
à Paris... Demain, après demain au plus tard...
Il me tarde déjà de te compter un quartier de
tes rentes..... de te mettre en possession de
l'acte qui te les assure... Je fis de mon mieux
pour déguiser l'effroi que m'inspiroit cet achar-
nement, et je repris mes résolutions de la veille,
bien persuadée que si je n'exécutois pas le crime
horrible dont je m'étois chargée, le comte s'ap-
percevroit bientôt que je le jouois, et que si
j'avertissois madame de Bressac, quelque parti
que lui fit prendre la révélation de ce projet,
le jeune comte, se voyant toujours trompé,
adopteroit promptement des moyens plus certains, qui, faisant également périr la mère,
m'exposoient à toute la vengeance du fils. Il
me restoit la voie de la justice ; mais rien au
monde n'auroit pu me résoudre à la prendre ;

je

je me déterminai donc à prévenir la comtesse: de tous les partis possibles, celui-là me parut le meilleur, et je m'y livrai.

Madame, lui dis-je le lendemain de ma dernière entrevue avec le comte, j'ai quelque chose de la plus grande importance à vous révéler : mais à quelque point que cela vous intéresse, je suis décidée au silence, si vous ne me donnez avant votre parole d'honneur de ne témoigner aucun ressentiment à monsieur votre fils de ce qu'il a l'audace de projetter.... Vous agirez, madame ; vous prendrez les meilleurs moyens, mais vous ne direz mot. Daignez me le promettre, ou je me tais. Madame de Bressac, qui crut qu'il ne s'agissoit que de quelques extravagances ordinaires à son fils, s'engagea par le serment que j'exigeois, et je révélai tout. Cette malheureuse femme fondit en larmes en apprenant cette horreur.... L'infâme ! s'écria-t-elle, qu'ai-je jamais fait que pour son bien ? Si j'ai voulu prévenir ses vices, ou l'en corriger, quel autre motif que son bonheur pouvoit me contraindre à cette sévérité !.... Et cette succession qui vient de lui écheoir, n'est-ce pas à mes soins qu'il la doit ? Thérèse, ah , Thérèse ! prouve-

N

moi bien la vérité de ce projet... mets-moi dans la situation de n'en pouvoir douter ; j'ai besoin de tout ce qui peut achever d'éteindre en moi les sentimens que mon cœur aveuglé ose garder encore pour ce monstre... et alors je fis voir le paquet de poison : il étoit difficile de fournir une meilleure preuve. La comtesse voulut en faire des essais ; nous en fîmes avaler une légère dose à un chien, que nous enfermâmes et qui mourut au bout de deux heures dans des convulsions épouvantables : madame de Bressac ne pouvant plus douter, se décida ; elle m'ordonna de lui donner le reste du poison, et écrivit aussitôt par un courier, au duc de Sonzeval, son parent, de se rendre chez le ministre, en secret, d'y développer l'atrocité d'un fils dont elle étoit à la veille de devenir victime ; de se munir d'une lettre de cachet; d'accourir à sa terre la délivrer le plutôt possible du scélérat qui conspiroit aussi cruellement contre ses jours.

Mais cet abominable crime devoit se consommer ; il fallut que, par une inconcevable permission du ciel, la vertu cédât aux efforts de la scélératesse ! L'animal sur lequel nous.

avions fait notre expérience, découvrit tout
au comte; il l'entendit heurler. Sachant que
ce chien étoit chérit de sa mère, il demanda
ce qu'on lui avoit fait; ceux à qui il s'adressa,
ignorant tout, ne lui répondirent rien de clair:
de ce moment il forma des soupçons; il ne dit
mot, mais je le vis troublé : je fis part de son
état à la comtesse; elle s'en inquiéta davantage,
sans pouvoir néanmoins imaginer autre chose
que de presser le courrier, et de mieux cacher
encore, s'il étoit possible, l'objet de sa mission.
Elle dit à son fils qu'elle envoyoit en diligence
à Paris, prier le duc de Sonzeval de se mettre
sur-le-champ à la tête de la succession de l'oncle
dont on venoit d'hériter, parce que si personne
ne paroissoit, il y avoit des procès à craindre:
elle ajouta qu'elle engageoit le duc à venir lui
rendre compte de tout, afin qu'elle se décidât
à partir elle-même avec son fils si l'affaire l'exigeoit. Le comte, trop bon phisionomiste pour
ne pas voir de l'embarras sur le visage de sa
mère, pour ne pas observer un peu de con-
fusion dans le mien, se paya de tout, et n'en
fut que mieux sur ses gardes. Sous le prétexte
d'une partie de promenade, il s'éloigne du

château ; il attend le courier dans un lieu où
il devoit passer. Cet homme, bien plus à lui
qu'à sa mère, ne fait aucune difficulté de lui re-
mettre ses dépêches ; et Bressac, convaincu de
ce qu'il appelle sans doute ma trahison, donne
cent louis au courier, avec ordre de ne jamais
reparoître chez sa mère. Il revient au château,
la rage dans le cœur : il se contient pourtant :
il me rencontre ; il me cajole à son ordinaire ;
il me demande si ce sera pour le lendemain ;
me fait observer qu'il est essentiel que cela
soit avant que le duc n'arrive, puis se couche
d'un air tranquille et sans me rien témoigner. Je
ne sais rien alors ; je fus dupe de tout. Si cet
épouvantable crime se consomma, comme le
comte me l'apprit ensuite, il le commit lui-
même sans doute, mais j'ignore comment ; je
fis beaucoup de conjectures ; à quoi serviroit-il
de vous en faire part ? Venons plutôt à la manière cruelle dont je fus punie de n'avoir pas
voulu m'en charger. Le lendemain de l'arresta-
tion du courier, madame prit son chocolat
comme à l'ordinaire ; elle se leva, fit sa toilette, me parut agitée, et se mit à table : à peine
en est-on dehors que le comte m'aborde :—

Thérèse, me dit-il avec le flegme le plus grand,
j'ai trouvé un moyen plus sûr que celui que
je t'avois proposé, pour venir à bout de nos
projets ; mais cela demande des détails, je n'ose
aller si souvent dans ta chambre : trouve-toi à
cinq heures précises au coin du parc : je t'y
prendrai, et nous irons faire une promenade
dans le bois, pendant laquelle je t'expliquerai tout.

FIN DU TOME PREMIER.

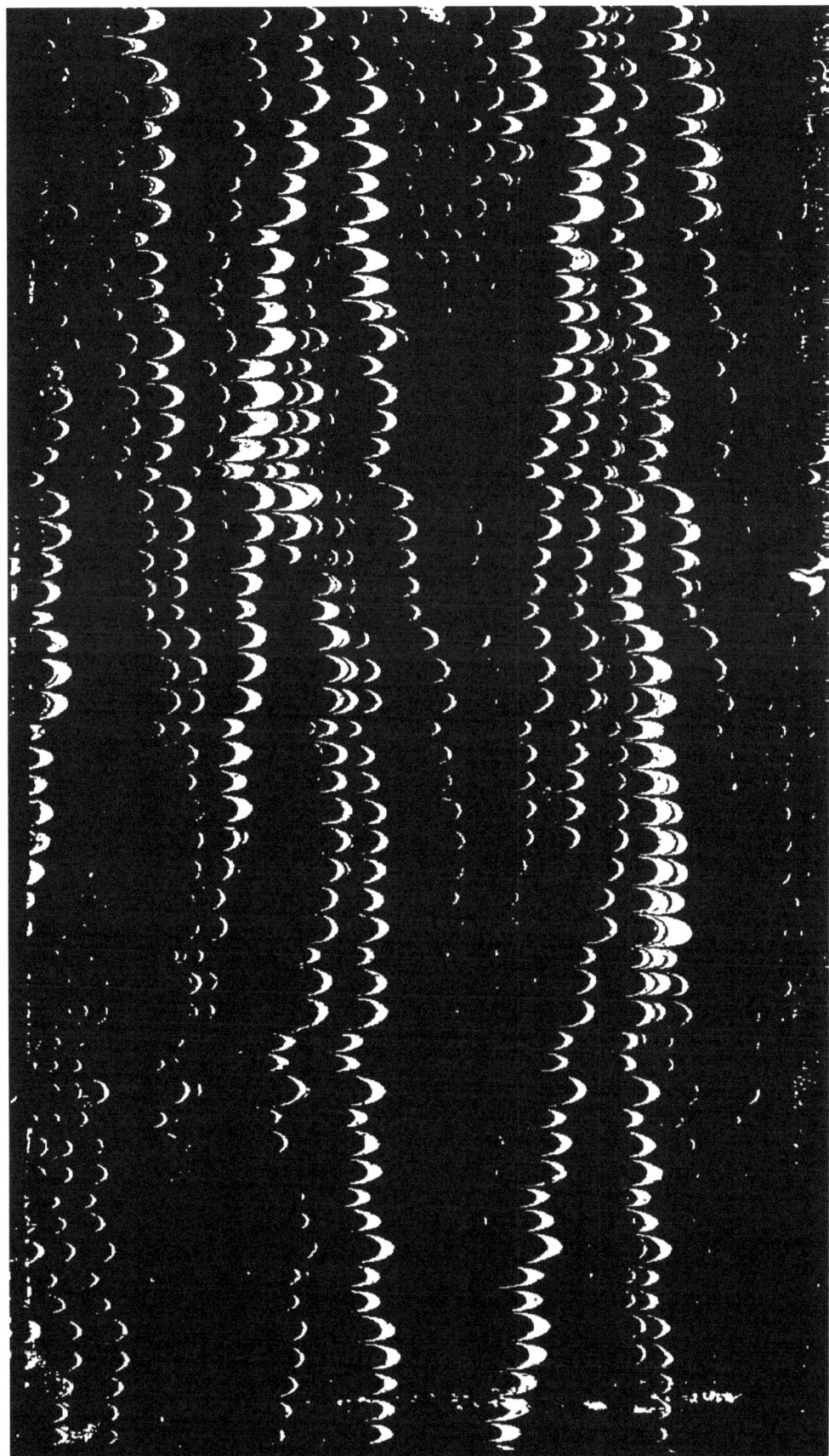